Katharina Nickoleit

Bolivien

Ein Länderporträt

Katharina Nickoleit

Bolivien

Ein Länderporträt

Ch. Links Verlag, Berlin

Auch als ebook erhältlich

Die Deutsche Nationalbibliothek verzeichnet
diese Publikation in der Deutschen Nationalbibliografie;
detaillierte bibliografische Daten sind im Internet über
www.dnb.de abrufbar.

1. Auflage, März 2019

Schönhauser Allee 36, 10435 Berlin, Tel.: (030) 44 02 32-0
www.christoph-links-verlag.de; mail@christoph-links-verlag.de
Reihengestaltung: Stephanie Raubach, Berlin
Lektorat: Philipp Kaufmann, Ch. Links Verlag
Karte: Peter Palm, Berlin
Satz: Eugen Bohnstedt, Ch. Links Verlag
Druck und Bindung: Druckerei F. Pustet, Regensburg
Gedruckt auf säurefreiem, alterungsbeständigem Papier

ISBN 978-3-96289-042-1

Inhalt

Einführung 9

Die Mühsal des täglichen Überlebens 12
Das Gefängnis San Pedro als Mikrokosmos der bolivianischen Gesellschaft 12
Leben in den Anden 16
Leben in La Paz: Unten und Oben ist Oben und Unten 18
Gewalt gegen Frauen 22
Alltägliche Korruption 24
Vereint erfolgreich sein 26

Die Geschichte vom Bettler auf dem goldenen Thron 31
Silber für die Spanier 31
Zinn für die Barone 34
Revolution und Militärdiktatur 36
Öl und Gas für die Konzerne 38
Reste für die Bolivianer 39

Der Beginn des Wandels 41
Che – seiner Zeit voraus 41
Der Kampf der Cocabauern 44
Der Wasserkrieg von Cochabamba 48
Wendejahre 51

Evo Morales: Lichtgestalt und Schreckgespenst 54
Cocabauer und Gewerkschaftsführer 54
Die Gründung der MAS 56
Auf der Zielgeraden 57

Der erste indigene Präsident Lateinamerikas 60
Protest im Halbmond 61

Bolivianische Sonderwege 64
Entkolonialisierung im plurinationalen Staat 64
Cocakekse statt Kokain 69
Die Legalisierung der Kinderarbeit 74

Entwicklung unter Evo Morales 80
Großer Wurf: Der Teleférico von La Paz 81
Neue Infrastruktur, aber keine Brücke für Tiquina 85
Evos Versprechen: Kampf gegen die Armut 86
Das Geld wird knapp 88
Der Schatz im Salzsee 90
Privatwirtschaft als Chance? 96

Auf der Suche nach dem guten Leben 98
An den Ursprüngen 98
Gartenarbeit für ein gutes Leben 101
In der Schule des guten Lebens 104
Theorie und Praxis 106

Raubbau für den guten Zweck 110
Bergbau und Staudämme 111
Coca im Nationalpark 113
Grüne Wüste im Tiefland 116
Fluch und Segen des Quinoabooms 119
Der Müll und die Mücken 122

Im Griff des Klimawandels 127
Der schrumpfende See 127
Schmelzende Gletscher, Starkregen und Wassermangel 129
Wassermanagement der Ahnen 134
Biodiversität gegen Wetterkapriolen 135
Evo Morales auf dem Weltklimagipfel in Paris 138

Bolivien, seine Nachbarn und die Welt 140
Kriege um Rohstoffe und die Sehnsucht nach dem Meer 140
Die linke Achse Kuba–Venezuela–Bolivien 143
Der verhasste große Bruder 145
Neuer Partner China 149
Das Verhältnis zu Deutschland 151

Deutsche in Bolivien 153
Zuflucht für Juden aus dem Dritten Reich 154
Endstation der »Rattenlinie« 157
Zeitreise zu den Mennoniten 159

Religion: Maria als Mutter Erde und umgekehrt 162
Wallfahrt nach Copacabana 162
Hochzeitszeremonie ohne Hochzeit 167
Schamanen und Wunderheiler 168
Der Siegeszug der evangelikalen Kirchen 170

Potenzial für eine Diktatur 173
Widerstand und Gegenwehr 175
Der Präsident, der nicht aufhören will 180

Anhang
Dank 184
Zeitschriften, Literatur, Filme und Hörbuch 184
Karte 188
Basisdaten 189

Einführung

Die Sonne sticht vom stahlblauen Himmel herab, gleichzeitig weht ein eisiger Wind, der durch Mark und Bein fährt. Um uns die kahlen Berge der Anden. Wir sind auf etwa 3600 Metern, die Luft ist dünn und trocken, und meine Kehle brennt. Ich schleife den Koffer über Steine und Dornenzweige, die auf der Straße verteilt liegen, umkurve ausrangierte Kühlschränke und noch qualmende Autoreifen, die den Weg versperren. Nach einer stundenlangen Fahrt waren wir in dem Örtchen Colomi auf der Straße zwischen Cochabamba und dem Chapare in einer langen Schlange aus LKW, Bussen, Privatautos und dazwischen ein Krankenwagen plötzlich stecken geblieben. »*Bloqueo*«, sagte der Fahrer achselzuckend, »Straßensperre«. Wie lange die Straßensperre wohl dauern würde? »Kann man nie wissen«, meinte er. »Zwei Stunden, zwei Tage, zwei Wochen – schwer zu sagen.« In der Zwischenzeit waren alle anderen Passagiere ausgestiegen und hatten ihr Gepäck vom Dach geholt. »Diese verdammten Cocabauern«, murmelte einer und machte sich auf den Weg.

Cocabauern, die Straßensperren errichten? Gehört das nicht eigentlich in die 1990er Jahre? Schreiben wir nicht das Jahr 2017, mit einem Präsidenten, der damals selber Cocabauer war und genau solche *bloqueos* organisierte? Was hat sich eigentlich geändert, seit ich vor 20 Jahren das erste Mal nach Bolivien reiste und gar nicht weit von hier in einem *bloqueo* feststeckte? All das geht mir durch den Kopf, während wir uns der Karawane aus Fußgängern den steilen Berg hinauf anschließen.

Fast mein halbes Leben lang schon komme ich regelmäßig nach Bolivien, und jedes Mal wenn ich in der dünnen Andenluft zu Atem gekommen bin und mir anschauen will, was sich inzwischen verändert hat, habe ich den Eindruck, dass eigentlich noch immer alles beim Alten ist. Sicher, in den Städten sind mehr Autos unterwegs und einige Hochhäuser dazugekommen und ja, inzwischen sind die meisten Hauptverkehrsstraßen des Landes asphaltiert. Doch die *cholitas* sitzen immer noch in ihren handgewebten Ponchos und Bowlerhüten hinter ihren Marktständen, in der »Hexengasse« von La Paz werden wie früher Lamaföten als unverzichtbare Zutat für den Hausbau verkauft, und nach wie vor gerate ich zuverlässig bei jeder Reise in einen mit einer Straßensperre verbundenen Aufruhr. Wenn ich mich 20 Jahre zurückversetzen will, dann ist Bolivien dafür der perfekte Ort, und Leute, die älter sind als ich, sagen mir, dass man in diesem Land auch locker eine Zeitreise von 50 Jahren machen kann.

Als ich mit Anfang 20 zum ersten Mal nach Bolivien kam, eine Pause von meinem Jurastudium machend, rastlos und auf der Suche, verbrachte ich auf dem Weg zum ständig nächsten, neuen Ziel ungezählte Stunden in schlecht gefederten, muffigen Bussen. Für meine Mitreisenden muss die junge *gringuita,* wie sie mich nannten, die da völlig allein an fremde Orte unterwegs war, ein merkwürdiger Anblick gewesen sein. Sie schlossen mich vor dem Essen in ihr Gebet ein, und wir teilten uns in den langen, holprigen Stunden Kekse, Mückenschutzmittel, Cocablätter und Geschichten. Ich hatte immer das Gefühl, dass meine Gesprächspartner aufrichtig daran interessiert waren zu hören, wer ich bin und was ich mir vom Leben wünschte, und hatte gleichzeitig nie den Eindruck, dass sie darüber urteilten, mag ihnen mein Leben auch noch so fremd und seltsam vorgekommen sein. Es war vollkommen unwichtig, welchen Status oder Besitz ich hatte, es reichte völlig, dass ich offen war und umgekehrt Interesse an ihrem Leben zeigte. Das war alles, was zählte, und es war eine Wohltat. Bolivien und seine Bewohner erwarten von niemandem, dass er sich verbiegt – und sie verbiegen sich auch selbst nicht.

Zurück in der Straßensperre. Keuchend schleppen wir uns den Berg zum Pass hinauf. Anders als vor 20 Jahren bin ich nicht allein mit Rucksack, sondern mit Mann, Kind und Koffer unterwegs, ich reise nicht mehr ziellos umher, sondern habe eine lange Liste mit Terminen mit Interviewpartnern in der Tasche. Die Faszination für dieses Land, das mich auch nach so vielen Reisen jedes Mal aufs Neue überrascht, ist geblieben. Auch wenn ich mich in Momenten wie diesem frage, warum ich mir das eigentlich antue. »Das wird dich ermüden«, meint ein greises Paar voller Bedauern, das sich mit uns den Berg hinaufschleppt, genauso wie eine Schwangere mit Kleinkind und ein Mann mit Krücken. Die übrigen Passagiere, besser an die Höhe gewöhnt, ohne Handicap und weniger schwer bepackt, sind längst außer Sicht. Links und rechts der Straße stehen die Bewohner von Colomi mit verschränkten Armen am Straßenrand und beobachten mit ausdrucksloser Miene unsere Karawane. Ob dass die Szenerie war, die das Tourismusministerium im Sinn hatte, als es den Slogan »El autentico aún existe« – »Das Authentische existiert noch« – in die Broschüren drucken ließ?

Vermutlich nicht. Und doch ist diese Unangepasstheit, diese Kompromisslosigkeit das, was mich immer wieder nach Bolivien zurückzieht. Wo sonst auf der Welt gibt es Elefantenfriedhöfe für Menschen oder Waschmaschinen, mit denen Kokain produziert wird? Gefängnisse, die zur Touristenattraktion werden, und Priester, die zusammen mit Schamanen Autos segnen? Und wo sonst sagt man den Gästen Sätze wie »Bolivien ist das einzige Land der Welt, das jedem Besucher mindestens eine Straßensperre pro Reise garantiert«?

Letzteres meint die Dame am Empfang unseres Hotels, als wir spätabends schließlich doch noch unser Ziel erreichen. Drei Kilometer sind wir gelaufen und haben auf der anderen Seite der Straßensperre einen Bus gefunden, der mitten in dem totalen Verkehrschaos, in dem Hunderte Autos am steilen Berghang feststeckten, ein atemberaubendes Wendemanöver hinlegte und zurückfuhr. In unserer geordneten, durchorganisierten Welt ist Bolivien einer der letzten Horte des echten Abenteuers. Und genau deshalb lässt es mich nicht los.

Die Mühsal des täglichen Überlebens

Das Gefängnis San Pedro als Mikrokosmos der bolivianischen Gesellschaft

Mitten in La Paz läuft man auf dem Weg durch die Gassen plötzlich nicht an Wohnhäusern vorbei, sondern an einer gut zehn Meter hohen fensterlosen Mauer, deren Putz bröckelt. Sie zieht sich rund um ein Straßenkarree. Nur an der Plaza Sucre gibt es einen Eingang: ein vergittertes Tor, an dem reger Betrieb herrscht. Schulkinder in Uniform machen sich auf den Weg zum Unterricht, Marktfrauen mit bunten Bündeln auf dem Rücken gehen ein und aus. Männer sieht man hingegen erst auf den zweiten Blick: Sie stehen in dichten Trauben hinter dem Gitter, hängen sich an die Eisenstäbe und rufen lauthals, wenn ein Besucher kommt, für den sie eine Nachricht überbringen und so ein paar Centavos verdienen könnten. Das also ist der Eingang zum Gefängnis San Pedro. Um die Jahrtausendwende war es die kurioseste und unter Backpackern angesagteste Touristenattraktion Südamerikas. »Warst du schon im Gefängnis von La Paz? Du musst unbedingt hingehen. Frag einfach nach Tommy.« – Das war der Tipp, der sich wie ein Lauffeuer von Kolumbien bis Feuerland durch die Hostels verbreitete.

»Wen suchst du, wen soll ich für dich holen?«, fragt mich ein halbwüchsiger Junge. »Tommy«, sage ich, und schon saust er los. Kurz darauf steht ein verschlafener Brite vor mir und erklärt die Modalitäten: »Die Tour kostet 30 Bolivianos [etwa 4 Euro], dauert ungefähr zwei Stunden und findet auf eigenes Risiko statt.« Ich bin einverstanden, gebe, weil mein Pass gerade zwecks Verlängerung meiner Aufenthaltsgenehmigung bei der

Migración ist, meinen Studentenausweis bei einem der Wächter ab und finde mich kurz darauf auf einem kleinen Platz vor einer Kapelle wieder. Marktfrauen sitzen davor und bieten Gemüse an, ein Kind spielt im Staub, und Hunde schnüffeln im Abfall. Auffallend ist nur, dass ungewöhnlich viele Männer zu sehen sind, die gelangweilt auf einer kleinen Mauer sitzen. Von der *plazuela* zweigen in verschiedene Richtungen Gassen ab. Zunächst machen wir einen Abstecher ins Büro des Gefängnisdirektors. Er begrüßt mich freundlich und hofft, dass ich meinen Besuch interessant finden möge. Den nächsten Staatsdiener soll ich erst wieder zu Gesicht bekommen, als ich am Ausgang meinen Ausweis abhole. Denn was hinter den Mauern von San Pedro passiert, interessiert das Wachpersonal nur wenig. Rund 1700 Menschen bilden diesen Mikrokosmos der bolivianischen Gesellschaft, eine Stadt in der Stadt, die ihren eigenen, erbarmungslosen Gesetzen folgt.

Tommy McFadden ist Anfang 30 und sitzt vier Jahre und drei Monate Haft ab. Kokainschmuggel. Er führt mich in eine enge, schmutzige Gasse und beginnt zu erzählen. »Hier in San Pedro muss jeder zusehen, wie er überlebt. Du bekommst nichts umsonst, nicht mal was zu essen oder eine Dusche. Auch keinen Schlafplatz.« Das gilt auch für Ausländer. Nach zwei Nächten unter freiem Himmel im eisigen La Paz wurde Tommy schwer krank, hustete Blut, doch der Gefängnisarzt verweigerte die Behandlung, denn er konnte ihn nicht bezahlen. Nur weil ihm ein anderer Häftling einen Kredit gab, überlebte er. Die Tour beginnt im Slum des Gefängnisses. Oder auch in der Ein-Stern-Zone, wie Tommy sie nennt. Baufällige Holztüren führen in dunkle, feuchte Verschläge ohne Fenster. »Die gehören Leuten, die hier früher einsaßen. Manche haben auch gar nichts mit dem Gefängnis zu tun, sondern einfach hier in Immobilien investiert«, erklärt er. 50 Dollar Miete im Monat kostet so ein Verschlag. Viele Gefangene können sich eine doppelte Haushaltsführung nicht leisten, es wäre viel zu teuer, im Gefängnis und auch zusätzlich draußen eine Wohnung zu halten. Deshalb ziehen sie mitsamt ihren Familien ins Gefängnis. Diese können sich frei bewegen, die Frauen können draußen als ambulante Straßenverkäuferinnen Geld verdienen und die Kinder zur Schule gehen. Rund 200 Frauen und Kinder leben hier. Schmutzstarrende Mädchen und Jungen spielen in den Rinnsalen, die durch die Gassen fließen. Die Vergehen, derer sich ihre Väter oder auch die hier einsitzenden Vierzehnjährigen schuldig gemacht haben, sind in vielen Fällen geringfügig, etwa Diebstahl oder Betrug. Nur, wer kann sich schon einen guten Verteidiger leisten?

Nicht allen Gefangenen in San Pedro geht es schlecht. Wer Geld hat, kann sich ein Zimmer kaufen und dabei in Kategorien von ein bis fünf Sternen wählen. Jeder Stern kostet 1000 Dollar. Manche Räume haben einen Balkon, andere eine kleine Küche oder sogar eine Dusche. Verkauft werden sie von den Vorbesitzern, die die Hälfte des Preises an die Gefängnisleitung abführen müssen. Die Fünf-Sterne-Zimmer liegen in einem heruntergekommenen Gebäude im Kolonialstil mit einem großen Innenhof. Unten befindet sich der Eingang zu einem Billardcafé, im Hof stehen die Tische kleiner Restaurants. Mit Kapital und Geschäftssinn kann man es in San Pedro durchaus zu etwas bringen. Die Restaurants, das Billardcafé und die kleinen Läden gehören Gefangenen. Wer kein Geld für eine Existenzgründung hat, muss auf irgendeine andere Weise das Geld für seinen Lebensunterhalt verdienen. »Hemden waschen und bügeln für fünf Bolivianos« (etwa 0,60 Euro), preist ein Schild an. Gefangene arbeiten in den kleinen Geschäften, als Hausangestellte oder als Leibwächter und Schläger der Mächtigen – das Territorium im Gefängnis ist gut abgesteckt, Allianzen zu schmieden ist überlebenswichtig. Das meiste aber dürfte durch Drogenhandel verdient werden, denn Drogen gibt es hier genauso wie Waffen. Eine Weile lang auch das angeblich beste chinesische Essen der Stadt. »Das war, als El Chino hier saß«, meint Tommy und zeigt als Nächstes auf ein dickes, nagelneues Rohr. »Das ist der Abfluss des Pools von Barbachoca«, erklärt er. Der Drogenbaron, in dessen Flugzeug vier Tonnen Kokain gefunden wurden, ließ für sich und seine Familie ein Penthouse auf eines der Gebäude bauen. Hier thront er mit eigens mitgebrachtem Personal hoch über den Elendsgassen und führt via Internet seine Geschäfte weiter.

Und Tommy? Er verdankte es einem Zufall, dass er der Fremdenführer von San Pedro wurde. Die Backpacker, denen er San Pedro zeigte, sicherten sein Überleben. Als ich ihn besuchte, wohnte er in einem Vier-Sterne-Zimmer, vielleicht 10 Quadratmeter groß, mit Fenster zum Hof, kleiner Küche und einem Angestellten, der uns Tee kochte, während Tommy von der crackabhängigen Katze eines Gefangenen erzählte und von den Abgaben auf jede seiner Einnahmen an die Gefängnisleitung. Von dem gefängniseigenen Kokainlabor. Eine Geschichte ist unglaublicher als die nächste. Und sie alle können in dem Buch »Marching Powder« nachgelesen werden, das Tommy nach seiner Entlassung zusammen mit dem Australier Rusty Young schrieb. Das Buch wurde ein Bestseller, sogar die Filmrechte wurden verkauft, und inzwischen ist es unter dem Titel »Marschpulver« auch auf Deutsch erschienen. Dass plötzlich in aller Welt so viele Interna über das Gefängnis bekannt wurden, sorgte bei den Verantwortlichen für einigen Unmut. Touristen ist es seither offiziell verboten, San Pedro zu besuchen, und das Überleben ist für die heute einsitzenden Gringos noch schwieriger geworden. Aber an den Verhältnissen hat sich offenbar nichts geändert. Das zumindest sagte mir bei meinem letzten Besuch in Bolivien ein US-Amerikaner, der kurz zuvor entlassen worden war. Er verteilte Flugblätter, auf denen er einen Vortrag über seine Zeit in San Pedro anpries, mit dem er Geld zur Bezahlung seiner Schulden aus der Haftzeit verdiente.

San Pedro ist für mich eine Art Mikrokosmos Boliviens. Drinnen wie draußen gilt das Recht des Stärkeren, und der tägliche Kampf ums Überleben bestimmt den Alltag der Armen. Wer Geld hat, lebt vergleichsweise komfortabel. Doch sowohl vor als auch hinter den Mauern lebt die überwiegende Mehrheit in Armut.

Leben in den Anden

Seit Stunden rumpelt unser Landrover über die unbefestigte Straße immer weiter in die Berge von Norte Potosí hinauf. Die Baumgrenze haben wir längst passiert, so weit das Auge reicht sind Steine und stachelige Grasbüschel zu sehen. Gelegentlich kommen wir an einer kleinen Schaf- oder Lamaherde vorbei, die von einem Kind oder einer alten Frau gehütet wird. Sie heben die Hand und rufen einen Gruß auf Quechua, eine der beiden häufigsten indigenen Sprachen im Land, und lassen ihren Blick wieder über die kahle Landschaft schweifen. Schließlich haben wir unser Ziel erreicht. Das Dörfchen Pichuya besteht aus vielleicht 50 weit verstreut liegenden Hütten und ist erst seit kurzem mit dem Auto erreichbar, noch vor zwei Jahren kam man nur zu Fuß hierhin. Es gibt eine kleine Schule, deren Schüler heute wie so oft schulfrei haben, weil es im nächsten Dorf, wo der Lehrer wohnt, gerade kein Benzin mehr gibt. Es gibt auch eine Krankenstation, die zwar neu gebaut ist und auf den ersten Blick ganz gut aussieht, jedoch über kein fließendes Wasser verfügt und keine Medikamente vorrätig hat, außerdem ist sie mit nur zwei verrosteten Krankenbetten eingerichtet. Da es vor Ort keine anderen Unterkünfte gibt, verbringen wir die nächsten Nächte hier.

Einer der Einwohner von Pichuya ist Don Demetrio. Er ist Mitte sechzig, hat ein von Wind und Wetter gegerbtes Gesicht und trägt einen selbstgewebten Poncho, der aus der Wolle seiner eigenen Schafe gefertigt ist. Sein Häuschen hat er aus Adobeziegeln gebaut, die er zuvor selbst hergestellt hatte, indem er Stroh mit Erde vermengt, die Masse in einer Holzform gepresst und zum Schluss in der Sonne getrocknet hatte. Statt mit Schindeln oder Wellblech ist das Dach mit Gras gedeckt. Seit kurzem hat das Dorf Strom, eine nackte Glühbirne erhellt eines der beiden Zimmer, die Küche wird nur von dem Schein des offenen Herdfeuers erleuchtet. Während sich die drei Enkel daran die Hände wärmen, rührt Don Demetrios Frau in dem von Ruß geschwärzten Topf die Kartoffeln um.

Es wäre falsch zu sagen, dass Kartoffeln das Grundnahrungsmittel der Familien sind, auch Hauptnahrung stimmt nicht. Nein, Kartoffeln sind das Einzige, was hier oben auf 4000 Metern gedeiht, und die Familie isst sie jeden Tag zum Frühstück, zu Mittag und abends. Manchmal gibt es dazu ein wenig Fleisch oder auch ein Ei, aber das ist eher die Ausnahme. Sorgsam aus Feldsteinen aufgeschichtete Mauern schützen die kostbaren Pflanzen vor dem eisigen Wind. Steine sind hier im Gegensatz zu allem anderen im Überfluss vorhanden. Wenn alles gutgeht, erntet Don Demetrio auf seinem halben Hektar pro Jahr zwei Tonnen Kartoffeln. Das reicht, um die Familie ein Jahr lang zu ernähren und um ein wenig Tauschhandel zu betreiben. Geld wird hier oben selten verwendet. Damit sie auch im Winter etwas zu essen haben, verarbeitet Don Demetrio einen Teil seiner Ernte zu *chuño*, Gefrierkartoffeln. Dazu lässt er sie in den kalten Andennächten durchfrieren und tagsüber in der Sonne trocknen. Zwischendurch zieht er seine aus Gummireifen gefertigten Sandalen über die Hände und presst die noch verbliebene Feuchtigkeit heraus. Schon zu Zeiten der Inka stellte man auf diese Weise *chuño* her, der viele Jahre lang haltbar ist. »Das ist ein Notvorrat, der uns über schlechte Zeiten bringt«, erzählt Don Demetrio. »Aber die Nächte sind nicht mehr so kalt, die Kartoffeln frieren nicht mehr richtig durch und verderben. Vielleicht liegt es daran, dass wir die Pachamama, die Mutter Erde, nicht mehr so ehren wie früher.« Der Klimawandel hat Bolivien fest im Griff, und das Wetter wird unberechenbarer. Das Leben in den Anden war schon immer hart und entbehrungsreich, doch in den letzten Jahren wird es zunehmend schwieriger, hier zu überleben. »Im letzten Jahr hat es sehr viel geregnet, und die Hälfte der Kartoffeln ist verfault. Wir konnten nicht genügend ernten, um welche verkaufen zu können. Ich glaube, die Ernte reicht diesmal nicht einmal für unsere eigenen Mahlzeiten.«

Don Demetrio ist in Sorge, aber er weiß, dass er nicht verhungern wird. Seine beiden Kinder sind nach Cochabamba gegangen, sein Sohn arbeitet als Tagelöhner im Straßenbau, die Tochter als Hausmädchen. Im Notfall werden sie irgendwie helfen können. »Das Leben hier oben war ihnen zu hart, in der Stadt ist das Leben einfacher, und sie können dort mehr verdienen«, meint er und streicht seiner Enkelin über den Kopf. Ein, zwei Mal im Jahr kommen die beiden mit ihren Partnern in die Berge, um ihre Kinder zu sehen, die sie bei den Großeltern zurückgelassen haben. Sie bringen Nahrungsmittel, Kleidung, Haushaltsgeräte und Geschichten aus einer fremden Welt mit. Einer Welt, die viele Söhne und Töchter aus den Andendörfern in die Elendsgürtel rund um die Städte gelockt hat.

Leben in La Paz: Unten und Oben ist Oben und Unten

In fast allen Städten der Welt bauen die Reichen ihre Häuser in der Höhe, wo die Luft angenehm frisch und die Aussicht gut ist. In La Paz ist das umgekehrt. Hier haben die Armen die beste Aussicht – und die dünnste, kälteste Luft. Auf den oberen Hängen des Talkessels stehen die einfachsten, roh gemauerten Hütten, doch mit jedem Höhenmeter abwärts werden die Häuser ansehnlicher und größer, bis schließlich schöne Stadtvillen das Bild beherrschen. In der Zona Sur, die knapp 1000 Meter niedriger liegt als die Abbruchkante des Talkessels, ist es zehn Grad wärmer als oben, und das Atmen fällt wesentlich leichter. Wer es sich leisten kann, hier zu wohnen, ist in der Regel weiß, und sein Leben unterscheidet sich nur wenig von dem in Europa, abgesehen davon, dass es hier völlig normal ist, mehrere Angestellte zu haben, die sich um den Haushalt, die Kinder und den Garten kümmern.

Die Angestellten pendeln jeden Morgen aus der Höhe hinab in die Welt der Reichen und abends wieder zurück. Die meisten leben in El Alto. Die einstige Armensiedlung von La Paz verdankt ihren Namen »Der Hohe« ihrer Lage auf über 4000 Metern. 1952 lebten hier weniger als 30 000 Menschen, heute ist El Alto eine eigene Stadt, die inzwischen sogar größer ist als das rund eine Million Einwohner zählende La Paz. El Alto wächst beständig weiter, denn aus den Dörfern kommen immer mehr Menschen, die das harte Leben in den Anden nicht mehr wollen und hier ihr Glück suchen. Das ist heute, anders als noch um die Jahrtausendwende, durchaus möglich. Damals waren die Verhältnisse überschaubarer. Die wenigen Weißen stellten die Oberschicht, die *indígenas* mit ihrem Bevölkerungsanteil von zwei Dritteln die Unterschicht, und die Mestizen, Nachfahren von Indigenen mit Europäern, standen sozial und kulturell irgendwo dazwischen. Seit Evo Morales 2006 Präsident wurde, hat sich das geändert. Dunkelhäutig ist nicht mehr gleich arm, und die Wohlhabendsten kommen inzwischen oftmals nicht mehr aus den klassischen Villenvierteln, sondern nicht selten aus El Alto, wo sich eine neue, indigene Oberschicht gebildet hat, die auch als »Aymara-Bourgeoisie« bezeichnet wird. Sie verdient ihr Geld hauptsächlich mit dem Import und Handel billig in China produzierter Kleidung und Haushaltswaren und, so sagt man hinter vorgehaltener Hand, mit Kokain.

Dass es in El Alto Geld gibt, das sieht man besonders deutlich an den immer größer werdenden *cholets*. Das sind mehrstöckige Häuser, auf deren Dächern aufgesetzt Villen thronen. In der Regel sind sie bunt und mit geometrischen Mustern aus der andinen Kultur verziert. Gebaut wurden sie von dem inzwischen berühmt gewordenen indigenen Architekten Freddy Mamani. Die größeren kosten schnell mehr als zwei Millionen US-Dollar. Die Angehörigen der neuen Oberschicht mieten darin für Familienfeiern einen der prächtig geschmückten Festsäle, engagieren eine Band und lassen für die Frauen der Familie aufwendige Kleider schneidern. Gern im traditionellen Stil: eine *pollera,* einen weiten voluminösen Rock aus acht Metern Stoff, und um die Schultern eine *manta.* Beides tragen die Frauen auch alltags. Doch zu Festen sind die Röcke nicht aus Polyester, sondern aus Samt, Seide oder Brokat, und das Schultertuch ist aus feiner Spitze. Ein *bombín,* ein Bowlerhut, gehört ebenfalls unbedingt dazu. Bowlerhut? Vermutlich wurde diese klassische europäische Kopfbedeckung Teil der indigenen Tracht, nachdem einst eine größere Lieferung

Hüte für die Eisenbahnarbeiter zu klein ausfiel und sie deshalb an die lokale Bevölkerung verteilt wurde. Heute besitzt jede *indígena* in den Anden mindestens einen *bombín* und signalisiert damit auch ihren Status: Wird der Hut gerade aufgesetzt, ist die Trägerin verheiratet, sitzt er schief, ist sie ledig. Bei großen Festen wird an nichts gespart, man zeigt, was man hat – auch als Gast. Es ist üblich, kistenweise Bier mitzubringen. Sorgfältig wird notiert, wer wie viel geschenkt hat, und bei der früher oder später kommenden Gegeneinladung wird unbedingt darauf geachtet, dass es wenigstens eine Kiste mehr ist. Auf jedem Fest kommt so deutlich mehr Bier zusammen, als jede noch so durstige Gesellschaft trinken kann. Die Getränkehändler nehmen die Kisten gegen einen Abschlag zurück und machen oft doppelte oder dreifache Geschäfte. Doch wer etwas auf sich hält, der lässt vor den Augen der Gäste alle Flaschen öffnen, um zu zeigen, dass man sich das leisten kann.

Nichtsdestoweniger sind die meisten Einwohner von El Alto arm. Kaum hat man das Zentrum verlassen, ist die Mehrzahl der Häuser unverputzt, und je mehr man sich den Außenbezirken nähert, desto kleiner und armseliger werden sie. Hier leben diejenigen, für die sich der Traum vom besseren Leben nicht erfüllt hat. Kaum jemand hat eine ordentliche Arbeit mit festem Gehalt oder Kündigungsschutz, von Krankenversicherung oder sonstigen Sozialleistungen ganz zu schweigen. Die Menschen schlagen sich mit Gelegenheitsjobs durch, als Tagelöhner auf dem Bau, als fliegende Händler oder sind prekär in Haushalten beschäftigt.

Eine von ihnen ist Doña Alicia, Mutter von acht Kindern. Als Wäscherin verdient sie etwa zwei Euro am Tag. Das muss für sie und ihre Kinder reichen, denn Alicia ist de facto alleinerziehend. Ihr alkoholkranker Mann ist meistens abwesend, wenn nicht, verursacht er mehr zusätzliche Probleme, als dass er etwas zum Unterhalt der Familie beitragen würde. Sie ist 39 Jahre alt, wirkt aber mit ihren wenigen übriggebliebenen Zähnen und den tiefen Sorgenfalten, als sei sie mindestens Mitte 50. Meistens kocht sie für sich und die Kinder eine dünne Suppe, für mehr reicht ihr Geld nicht. Diese Mangelernährung macht die Menschen anfällig für Krankheiten, unter anderem treten immer wieder Fälle der Armutskrankheit Tuberkulose auf. Für Menschen wie Alicia gleicht das tägliche Überleben einem Drahtseilakt, der sofort vollends aus der Balance gerät, wenn irgendetwas Unvorhergesehenes passiert. Als bei Alicias jüngstem Sohn Nierensteine festgestellt wurden, war das für die Familie eine Katastrophe. Die Basisgesundheitsversorgung ist für Kinder unter fünf Jahren und für Personen über 60 zwar inzwischen kostenlos, aber eine Operation gehört nicht dazu und muss privat bezahlt werden, auch in staatlichen Krankenhäusern – von denen es viel zu wenige gibt. Privatkliniken gibt es zumindest in den Städten genug, doch das konnte sich Alicia noch weniger leisten. Sie hat das große Glück, in einem Viertel zu leben, in dem das internationale Kolpingwerk Gesundheitsstationen unterhält. Auch dort müssen selbst die Ärmsten wenigstens einen kleinen Beitrag für ihre Behandlung bezahlen, denn die Zentren müssen sich selbst tragen. Doch für Notfälle gibt es Fonds, sodass ein Teil der Kosten erlassen werden kann. Trotzdem trieb die Erkrankung Alicia noch weiter in den Ruin. »Ich war schon vorher sechs Monate mit der Miete im Rückstand. Als mein Kleiner zwei Wochen lang im Krankenhaus war, musste ich die ganze Zeit bei ihm bleiben und konnte währenddessen kein Geld verdienen. Also musste ich mir noch mehr Geld von den Nachbarn leihen.«

»Da an der Ecke war der Elefantenfriedhof, den sie letzten Monat hochgenommen haben«, meint unser Gastgeber vom Kolpingwerk, als wir von unserem Besuch bei Doña Alicia durch El Alto zurück Richtung La Paz fahren, und zeigt auf ein zweistöckiges Haus aus rohen Ziegelsteinen. Wären die Fenster und Türen nicht mit Sperrholzplatten vernagelt, würde es in dem Straßenzug nicht weiter auffallen. Als wir den Mann verständnislos anschauen, erzählt er uns eine unglaubliche Geschichte von einer Institution, die in El Alto jeder kennt: Für die ganz Verzweifelten gibt es sogenannte Elefantenfriedhöfe. Das sind illegale, versteckt liegende Trinkhöllen, in denen man gegen Vorauszahlung eine Matratze, eine Decke, einen Eimer für die Notdurft und eimerweise billigen Schnaps bekommt. Wer nichts mehr zu verlieren hat, säuft sich hier planmäßig zu Tode. Die Leichen, angeblich gelegentlich auch noch Lebende, die im Koma liegen, werden, so heißt es, an die Bauherren der *cholets* verkauft, die sie als Opfergabe in die Betonfundamente ihrer Hochhäuser eingießen. Rund 50 solcher Elefantenfriedhöfe soll es in El Alto und La Paz geben, alle paar Monate räumt die Polizei einen von ihnen, doch es entstehen ständig neue.

Gewalt gegen Frauen

In ihrem Unglück hat Alicia immerhin das Glück, dass ihr alkoholkranker Mann meistens nicht da ist. Sonst würde sie womöglich zu den vielen Frauen gehören, die ständig misshandelt werden. Gewalt gegen Frauen ist in Bolivien ein großes Problem. »Ganz gleich, was die Verfassung zum Thema Gleichberechtigung sagt, vom kulturellen Konzept her gehört eine Frau traditionell einem Mann, erst dem Vater, dann dem Partner«, erklärt Beatriz Iglesias, Leiterin des Kolping-Frauenhauses. »In Bolivien bist du nicht Frau Soundso, sondern die Frau von Herrn Soundso.« Es ist die Aufgabe der Frau, ihrem Mann das Leben so angenehm wie möglich zu machen. So sind die Jungen erzogen worden – und auch die Mädchen. Deshalb begehren viele Frauen lange nicht auf, wenn sie von ihren Männern misshandelt werden. »Sie haben bei ihren Müttern und Großmüttern gesehen, dass es nun mal zum Leben einer Frau dazugehört, dass ihr Mann sie herumkommandiert und auch schlägt, wenn nicht alles zu seiner Zufriedenheit läuft. Sie stellen das nicht in Frage, sondern nehmen es hin.« Hinzu kommt, dass eine Frau in Bolivien gesellschaftlich und in der Regel auch finanziell ruiniert ist, wenn sie keinen Mann hat, denn meistens hat sie keinen Beruf erlernt und ist wirtschaftlich vollständig abhängig. Fünf bis zehn Jahre, so sagt die Leiterin des Frauenhauses, dauert es, bis misshandelte Frauen sich dazu durchringen, ihre Männer zu verlassen. Nur wohin? Und mit welchem Geld? Frauenhäuser gibt es nur vereinzelt, staatliche Unterstützung für diejenigen, die sich von ihren prügelnden Männern trennen, gar nicht. Deshalb sieht es Beatriz in ihrem Frauenhaus als wichtigste Aufgabe an, den Frauen Backen, Schneidern und ein paar betriebswirtschaftliche Grundlagen beizubringen, damit sie sich allein über Wasser halten können und nicht aus finanzieller Not in die gewalttätige Beziehung zurückkehren müssen.

Die Situation wird eher schlimmer als besser. Heute, da mehr Frauen arbeiten müssen, um zum immer teurer werdenden Lebensunterhalt beizutragen, verschärft sich die Gewalt, denn es bleibt ihnen weniger Zeit, ihre Männer zu bedienen. Beatriz erzählt von einem Fall, der ihr erst letzte Woche vorgetragen wurde: »Die Frau war arbeiten, und als sie am Abend heimkam, putzte sie das Bad. Es war noch feucht, als ihr Mann nach Hause kam. Er warf ihr vor, sie vernachlässige ihre Pflichten als Ehefrau, respektiere ihn nicht, in dem sie ihm einen feuchten Boden zumute, und schlug sie.«

Die Verwerfungen in der Gesellschaft wachsen und damit auch der Grad der Gewalt. Nicht selten endet sie tödlich. Zwischen 2013 und 2018 wurden in Bolivien mindestens 447 Frauen von ihren gewalttätigen Männern umgebracht, allein im Januar 2018 waren es 14. Und das sind nur die offiziellen Zahlen. Inzwischen spricht man offen von »Feminizid«, der Tötung von Frauen wegen ihres Geschlechts. Meistens gingen den Tötungen jahrelange Misshandlungen voraus, sagt Beatriz Iglesias. Sie gibt Polizei und Justiz eine Mitschuld. »Wenn sich eine Frau nach langer Überlegung schließlich doch zu einer Anzeige durchringt, wird die gern als übertrieben oder als Privatangelegenheit abgetan. Oft überreden die Polizisten die Frauen, die Sache fallen zu lassen. Und nicht selten sorgen die beschuldigten Männer mit Hilfe von Schmiergeldern dafür, dass Anzeigen im Sande verlaufen.« 87 718 Anzeigen gab es von 2013 bis 2016 – und nur 36 Verurteilungen.

Alltägliche Korruption

Umsteigen am Flughafen in Cochabamba. Wir haben zwei Stunden Zeit und setzen uns eine Weile in die Sonne. Ein paar Meter weiter sitzen zwei Jugendliche. Als sie hören, dass wir deutsch sprechen, stellen sie sich äußerst höflich als Eduardo und Juan sowie als Fans von Günter Grass und Friedrich Nietzsche vor. Die beiden kommen oft nach der Schule hierher. Weil man hier entspannt in der Sonne sitzen und Flugzeuge beobachten könne und weil sie hier gelegentlich interessante Gespräche führen könnten. Die beiden sind 17 Jahre alt und würden gern nach der Schule Psychologie studieren. Aber daraus werde wohl nichts. »Meine Eltern bestehen darauf, dass ich Polizist werde«, erklärt Eduardo. »Das Gehalt ist zwar nicht besonders hoch, aber durch die Korruption kann man sehr leicht von der Mittel- in die Oberklasse aufsteigen.«

Auf dem »Corruption Perception Index« nahm Bolivien 2017 den 112ten Platz ein. Der Index wird jedes Jahr von Transparency International ermittelt und misst wahrgenommene Korruption im öffentlichen Sektor. In den letzten Jahren hat sich die Situation etwas verbessert, aber Korruption ist nach wie vor ein gravierendes Problem. Nicht nur wenn es um politische Entscheidungen geht, sondern auch im Alltag. Ob man eine Anzeige bei der Polizei machen möchte, einen offiziellen Stempel oder einen Termin braucht, immer sollte man damit rechnen, Bestechungsgelder zahlen zu müssen. Diese Alltagskorruption ist vor allem für die Armen ein Problem. Reiche werden zwar auch zur Kasse gebeten, doch sie müssen im Verhältnis zu ihrem Einkommen deutlich weniger bezahlen als Geringverdiener. Das führt so weit, dass sich diejenigen, die am wenigsten haben, die ohnehin mageren öffentlichen Sozialleistungen schlicht nicht leisten können, denn auch bei eigentlich kostenfreien Leistungen, wie etwa dem Gesundheitsdienst für Schwangere und Kinder bis zum fünften Lebensjahr, wird abkassiert.

Wer hingegen Geld hat, beschäftigt einen Agenten, den er mit einer Handkasse versieht und dem er nicht zu viele Fragen stellt. Der kennt die richtigen Leute in den Behörden und weiß wie man die Vorgänge beschleunigt, sei es nun, dass man ein Paket vom Zoll holen muss oder einen neuen Pass braucht.

Freunde von uns wollten einmal ausprobieren, was passiert, wenn man bei diesem Spiel nicht mitmacht. Sie sind echte Abenteurer, die als passionierte Bergsteiger ihr behagliches Leben in Deutschland aufgegeben und in La Paz eine Reiseagentur gegründet haben, um den Sechstausendern der Anden, die sie regelmäßig erklimmen, näher zu sein. Doch das Abenteuer, das sich am längsten hinzog, spielte sich in den Amtsstuben der Ausländerbehörde ab. Nach etlichen Jahren in Bolivien wollten sie nicht länger ständig ein- und ausreisen, um ihre Aufenthaltsgenehmigung zu erneuern, sondern endlich einen dauerhaften Titel haben. Sie erfüllten alle Voraussetzungen: Einkommen, Qualifikation, Sprachkenntnisse, Verbindung zum Land, lupenreines Strafregister. Alle notwendigen Papiere lagen in vielfacher Ausführung notariell beglaubigt vor, die offizielle Gebühr war entrichtet, und der endgültige Stempel im Pass war eigentlich nur noch eine Formalität. »Als wir das erste Mal vorsprachen, hieß es, ja, das sei so weit alles in Ordnung, es fehle aber noch ein Leumundszeugnis eines Bolivianers«, erinnert sich Christian. Sie fragten den Vermieter, der sofort bestätigte, dass die beiden ordentliche Mieter seien, pünktlich zahlten und keinen Unfrieden im Haus stifteten. Das Zeugnis wurde abgelehnt, der Vermieter sei finanziell von ihnen abhängig und damit befangen. Als Nächstes wendeten sie sich an die Nachbarn, die schriftlich den freundlichen Umgang lobten. Zu dicht dran, hieß es. Die Besitzerin des Ecklädchens, die ebenfalls die Zahlungsmoral pries, war wiederum zu weit weg, sie könne ja den moralisch einwandfreien Lebenswandel nicht bezeugen. Nachdem endlich jemand gefunden war, der akzeptabel war, wurden die Papiere moniert. Die Beglaubigungen waren unterdessen zu alt. Das Ganze zog sich über sieben oder acht Monate hin. Sie haben es schließlich tatsächlich geschafft, den Stempel zu bekommen, ohne jemanden zu bestechen. »Aber jeder Bolivianer, dem wir das erzählen, hält uns für völlig verrückt und fragt uns, wie wir nur auf die Idee kommen konnten, das zu versuchen.«

Vereint erfolgreich sein

Moskitos surren um Don Ernesto in der feuchten Hitze. Der alte Mann mit dem von Falten zerfurchten Gesicht ignoriert die Plagegeister, schwingt seine Machete und schlägt eine Kakaofrucht vom Baum. Mit ein paar Schlägen wird sie geöffnet. Er pult die Kerne aus der Schale und lässt sie in den immer schwerer werdenden Sack gleiten, den er auf dem Rücken trägt. Seit 55 Jahren baut Don Ernesto Kakao an, und mit jedem Jahr wird die Arbeit für ihn beschwerlicher. Trotzdem macht er sich keine Sorgen um die Zukunft. Denn Don Ernesto ist Teil einer bolivianischen Erfolgsgeschichte: der Kooperative El Ceibo.

Wo das Leben hart und die Armut groß ist, dort haben die Menschen nur eine Chance, um zu überleben: sich zusammenzuschließen und gemeinsam etwas auf die Beine zu stellen. Genau das hat Don Ernesto mit seinen Genossen getan, damals, 1977, als die Aufkäufer den Kakaobauern noch die Preise diktierten und die Bauern betrogen. »Wir wollten unabhängig werden«, denkt der ältere Mann zurück. »Und von dem, was wir anbauen, leben können.« Kleinbauern, die auf eigene Faust Handel mit dem Ausland betreiben wollen? Das schien vielen Beobachtern eine völlig absurde Idee zu sein. Wie können Bauern, die bestenfalls lesen und schreiben können, einen Markt für ihre Ernte finden? Mit den Abnehmern im fernen Europa kommunizieren? Den Export organisieren? Waren das nicht einfache, ungebildete Indios? Das, so erinnert sich Don Ernesto, waren die Reaktionen der Zwischenhändler, die den Bauern offen ins Gesicht lachten.

Aber bei Hilfsorganisationen aus dem Ausland fand die Idee Anklang. Der Deutsche Entwicklungsdienst, Brot für die Welt und etwas später auch das Fair-Handelshaus Gepa unterstützten die Kooperative von Don Ernesto. Sie gaben den Bauern Schulungen in Qualitätssicherung und Buchhaltung, stellten Kontakte zu Exporteuren her und halfen bei der Umstellung auf die Bioproduktion – El Ceibo war einer der ersten Bioproduzenten für Kakao weltweit!

Gut 40 Jahre später gilt die Kooperative als Vorbild für Genossenschaften im ganzen Land. Sie zählt 1400 Produzentenfamilien in 38 verschiedenen Kooperativen, die quer über die tropische Region des Alto Beni verteilt leben. 70 Prozent der gesamten Kakaoproduktion Boliviens stammen von El Ceibo. Die Hilfswerke haben sich schon vor vielen Jahren zurückgezogen. El Ceibo braucht längst keine Unterstützung mehr, um Produktionsabläufe und Exporte zu organisieren. Der Faire Handel ist geblieben, nach wie vor sind der sichere Absatzmarkt und die stabilen Preise wichtig für die Kooperative. Doch inzwischen werden die Genossen sogar nach und nach auch davon unabhängiger, denn El Ceibo ist heute nicht nur ein Exporteur von Rohkakao, sondern auch der führende Schokoladenhersteller Boliviens.

Ein köstlicher Duft hängt in der Luft der Schokoladenfabrik von El Ceibo. Sie liegt in El Alto, und allein das war anfangs eine Herausforderung, denn der Weg vom tropischen Tiefland, wo der Kakao wächst, führte damals über die noch heute gefährlichste Straße Südamerikas: Die Yungas-Straße wird *el camino del muerte* genannt – die Todesstraße. Sie ist eine schmale Schotterpiste, die um 1900 von Gefängnisinsassen in den steilen Fels gesprengt wurde. Auf der einen Seite ragt die Wand steil empor, während auf der anderen ein Hunderte Meter tiefer Abgrund gähnt. Sie ist so schmal, dass nur ein Fahrzeug darauf passt, nur an einzelnen Stellen gibt es Ausweichmöglichkeiten für den Gegenverkehr. Die Straße ist gesäumt von Kreuzen, die die Stellen markieren, an denen Autos oder Lastwagen in die Tiefe stürzten, und nachts sollen hier die Geister der Verunglückten umgehen. Lange war *el camino del muerte* die einzige Verbindung zwischen dem tropischen Tiefland und La Paz. Tropenhölzer und Früchte wurden auf schweren Lastwagen nach La Paz transportiert. Da die von unten kommenden, schwer beladenen und zudem überalterten Lastwagen nicht wieder anfahren können, wenn sie einmal am Hang stehengeblieben sind, muss der von oben kommende Verkehr zur Abgrundseite hin ausweichen – und dabei im Zweifel zurücksetzen. Das ist bis heute so, die alte Piste ins Tiefland ist die einzige Straße Lateinamerikas mit Linksverkehr. Doch nicht diese gefährliche Straße war das Problem für El Ceibo, sondern das Monopol der Transportunternehmer, die Unsummen für die Beförderung verlangten. So lange, bis die Kooperation ihre ersten eigenen Lastwagen anschaffte. Don Ernesto lächelt noch immer, wenn er daran denkt.

Inzwischen gibt es übrigens eine neue Straße, doch die Strecke über den berüchtigten *el camino del muerte* ist und bleibt für abenteuerlustige Besucher ein Highlight jeder Bolivienreise. Zunächst einmal wirkt die gut asphaltierte Straße harmlos. Doch der Umstand, dass man auf dem 4650 Meter hohen Pass La Cumbre von einem Schamanen Rituale für eine sichere Reise durchführen lassen kann, lässt erahnen, was folgt. Plötzlich zweigt eine Schotterpiste von der asphaltierten Straße ab, und man findet sich auf der Strecke wieder, die so spektakulär ist, dass sie in keinem in Bolivien spielenden Film fehlen darf. Es ist eine wirklich atemraubende Tour. Auf nur gut 90 Kilometern überwindet man entlang schwindelerregender Abgründe einen Höhenunterschied von 3000 Metern. Mit jeder Stunde, die man bergab fährt, wird die Luft wärmer und die Umgebung grüner, innerhalb weniger Stunden durchfährt man fast alle Klima- und Vegetationszonen Südamerikas. Die Strecke mit dem Mountainbike zu bewältigen, gilt noch immer als der ultimative Adrenalinkick, der nun, wo man keinen Lastwagen mehr ausweichen muss, weit weniger gefährlich ist als noch vor ein paar Jahren. Etwas sicherer ist es mit den Touristenjeeps, doch auch dafür braucht man starke Nerven.

Die Kooperative jedenfalls verarbeitet in ihrer Fabrik in El Alto ihre Kakaobohnen zu Schokotafeln, Quinoa- und Amarantriegeln, die man in jedem gut sortierten Supermarkt Boliviens und inzwischen auch in den Nachbarländern kaufen kann. Die Genossen haben diese Fabrik aus eigener Kraft finanziert und gebaut, die Expertise kam von Experten des Fairen Handels. Die Arbeit dort so professionell zu organisieren, wie sie heute abläuft, war damals, in den 1980er Jahren, ein kompliziertes Unterfangen voller kultureller Missverständnisse. Um in Deutschland auf dem Markt erfolgreich zu sein, müssen eine ganze Reihe Standards eingehalten, Hygienevorschriften beachtet und Nachweise geführt werden. Besonders wichtig ist eine stets gleichbleibende Qualität. Berater aus Deutschland verbrachten mehrere Monate in La Paz. Sie führten neue Rezepte ein, vereinbarten Hygienestandards, erklärten, wie die Abrechnungen zu erstellen seien, und besprachen alle Produktionsschritte im Detail. Erst als sie das Gefühl hatten, dass der Leiter der Fabrik sämtliche Neuerungen wirklich verinnerlicht hatte, kehrten sie nach Deutschland zurück. Ein halbes Jahr lang lief alles bestens, die Schokolade war exakt nach vereinbartem Rezept hergestellt, jeder Produktionsschritt war dokumentiert.

Dann plötzlich war wieder alles wie vor dem Besuch der Berater. Die Qualität schwankte, Unterlagen fehlten. Was war passiert? Es stellte sich heraus, dass die Mitglieder von El Ceibo einer Volksgruppe angehörten, die seit jeher in regelmäßigen Abständen ihr Oberhaupt austauscht. Keine Familie soll benachteiligt werden, jeder soll einmal an die Reihe kommen. Und genau so waren die Mitglieder der Kooperative auch bei den Führungspositionen in der Fabrik verfahren. Das ist eine alte Geschichte, über die die Genossen und die Mitarbeiter der Gepa heute gemeinsam herzlich lachen können, aber sie zeigt, wie schwierig Entwicklungshilfe mitunter sein kann.

Kakao anzubauen ist und bleibt für die Kleinbauern, die oft ohne Maschinen auskommen müssen, eine anstrengende und zeitaufwendige Angelegenheit, zumal dann, wenn er biologisch angebaut wird. »Wir sind rund um das Jahr beschäftigt. Entweder muss der Kakao geerntet und getrocknet werden, oder wir müssen das Unkraut klein halten, denn wir dürfen ja keine Pestizide sprühen«, meint Don Ernesto. Doch es ist eine Arbeit, von der er und seine Familie heute nicht nur überleben können, sondern die ihnen auch ein Stück Sicherheit gibt. Wenn sie krank werden, zahlt ihnen die Kooperative einen sehr ordentlichen Zuschuss zu den Arztkosten, und ihr Verdienst ist doppelt so hoch wie der, den die Mittelsmänner ihnen zahlen würden. Außerdem erhalten sie eine Beteiligung am Gesamtgewinn. Und Ernesto hat etwas, das in Bolivien alles andere als eine Selbstverständlichkeit ist: eine Rentenversicherung! So kann er die Arbeit auf dem Feld nach und nach reduzieren, wenn sie zu beschwerlich wird. Mitglieder, die Kinder in der Ausbildung haben, können von der Genossenschaft ein Stipendium bekommen, um die Kosten zu finanzieren. Viele konnten die Schule abschließen und studieren Agrarwissenschaften oder Betriebswirtschaft, ihr Wissen und ihre Fähigkeiten kommen der Kooperative zugute. »El Ceibo ist etwas Besonderes. Wir kümmern uns umeinander«, sagt Don Ernesto, und man sieht ihm an, wie stolz er darauf ist, dieses solidarische Vorzeigeunternehmen mit gegründet zu haben.

Die Geschichte vom Bettler auf dem goldenen Thron

Silber für die Spanier

Potosí war einst die Schatzkammer Lateinamerikas und die reichste Stadt des amerikanischen Kontinents. Das verdankte sie dem kegelförmigen Cerro Rico, zu Deutsch »reicher Berg«, der hinter den steilen Gassen mit den verfallenden barocken Kirchen, Klöstern und Patrizierhäusern, denen man noch ansieht, wie prächtig sie einst waren, steil in den stahlblauen Andenhimmel emporragt. Vor 500 Jahren steckte er voller Silber, mit dem die Spanier zwei Jahrhunderte lang ihre Staatskasse füllten. 60 000 Tonnen sollen es insgesamt gewesen sein. »Vale un Potosí« – »das kostet ein Potosí« – ist in Spanien bis heute eine stehende Redewendung, wenn man sagen möchte, dass etwas ein Vermögen kostet.

Nachdem die Spanier von dem Reichtum des Berges erfahren hatten, gründeten sie 1545 an dessen Fuße in der unwirtlichen Höhe von mehr als 4000 Metern eine Stadt und begannen umgehend und im großen Stil mit dem systematischen Abbau des Silbers. Unbarmherzig kommandierten die Spanier ganze Dorfschaften von Hochlandbewohnern in die unzähligen Bergstollen ab. Dabei machten sie sich das System der *mita* zunutze, das zuvor von den Inkas etabliert worden war. Zu deren Zeiten lebten die einfachen Menschen in weitverzweigten Familienverbänden, in *ayllus*, der kleinsten sozialen Einheit. Den Ayllu-Gemeinschaften gehörte der Ackerboden, die Bauern bearbeiteten gemeinsam die Felder und teilten die Erträge unter sich auf. Ein bestimmter Flächenanteil stand dem Herrscher, dem *inca*, und den Priestern zu. Außerdem musste jeder Untertan einen Arbeitsdienst leisten, die *mita,* damit das Straßennetz unterhalten, Festungen und Brücken gebaut oder die von den Adeligen benötigten Stoffe gewebt werden konnten.

Die Spanier machten daraus das System der *encomienda,* wonach die Bevölkerung den neuen Herrschern Tribut in Form von Arbeitskraft und Abgaben zu leisten hatte. Als Gegenleistung übernahm der *encomendero* die »Verantwortung« für das Seelenheil seiner Untergebenen und sorgte für ihre »religiöse Unterweisung«, wobei es vor allem darum ging, die indigene Identität auszulöschen. Die Sprachen Quechua und Aymara, die traditionelle Kleidung und die alten Bräuche wurden verboten, und die katholische Kirche versuchte, den alten Glauben aufzulösen. Ständig schufteten 13 500 Indigene in den Minen, jeder Mann aus den umliegenden Dörfern war verpflichtet, alle sieben Jahre für vier Monate in die Grube zu gehen. Die Einheimischen nannten Potosí den »Eingang zur Hölle« oder auch »der Berg, der die Menschen lebendig frisst«. Verunglückten und starben die Zwangsarbeiter nicht in den Stollen, so erlagen sie früher oder später den unbarmherzigen Arbeitsbedingungen in dieser Höhe oder den Vergiftungen durch Quecksilber, das als Scheidemittel eingesetzt wurde. Nur mit Hilfe des Kauens von Cocablättern war die schwere Arbeit überhaupt zu bewältigen. Nach Eduardo Galeanos Buch »Die offenen Adern Lateinamerikas« hatten bis zum 18. Jahrhundert bis zu acht Millionen *indígenas* auf diese Weise den Tod gefunden.

An den Arbeitsbedingungen in den Minen hat sich bis heute wenig geändert. Minenarbeit, das heißt jeden Tag mindestens acht Stunden in einem engen Schacht zu schuften, in dem es keine Abstützung, keine Frischluft und kein Licht gibt. Es ist kalt und feucht, der Staub zerfrisst die Lungen, Männer werden in dieser Stadt durchschnittlich 39 Jahre alt. Wenn die Väter zu krank werden, um ihre Familien zu ernähren, müssen die Söhne in den Berg. Rund 6500 Kinder arbeiten in den Minen oder in der Weiterverarbeitung des Erzes.

Vor einem Jahr bekam auch Jhonnigs Vater nicht mehr genügend Luft, um weiter arbeiten zu können. Seitdem hat der 14-Jährige dessen Platz als Ernährer der Familie eingenommen. Wir treffen ihn am Eingang zur Mine. Hier wohnt er mit seinen Eltern und sechs Geschwistern in einer 15 Quadratmeter kleinen Hütte, die aus Steinen aus der Mine aufgeschichtet worden ist und mit dem Berg zu verschmelzen scheint. Er führt uns in den Berg. »Achtung Kopf« ruft er und geht vor. Der Stollen ist nichts anderes als ein Loch im Hang. Er ist eng und so niedrig, dass man nur gebückt darin laufen kann. Die Luft ist hier nicht nur dünn, sondern auch voller Staub. Bevor wir uns auf die Suche nach einer Erzader machen, müssen wir dem *tío,* dem Onkel, einen Besuch abstatten und ihm Respekt erweisen. Er wird von einer Gipsfigur mit Teufelshörnen und Ziegenbart repräsentiert, der Jhonnig eine angezündete Zigarette in den Mund steckt. Dann besprenkelt er den Herrn der Unterwelt mit Alkohol und legt ihm Cocablätter vor die Füße. Nur wenn man sich gut um den *tío* kümmert, beschützt er einen vor Unglücken und lässt einen die Erze finden, daran glauben Jhonnig und die zwei Jugendlichen, denen er zur Hand geht, fest. Die drei haben eine vielversprechende Stelle im Fels gefunden und hoffen, dort eine Erzader freisprengen zu können. Mit dem Kennerblick dreijähriger Bergbauerfahrung sucht der 16-jährige Edwin die richtige Stelle für die Sprengladung. Mit Stemmeisen und Hammer treibt er ein Loch in den Fels. Den Kopf in den Nacken gelegt, die Augen zugekniffen, damit kein Staub hineinrieselt, beißt er die Zähne zusammen und schlägt ein ums andere Mal zu. Millimeterweise kommt er voran. Sein Gesicht glänzt vor Schweiß, immer wieder muss er absetzen und sich von einem der anderen ablösen lassen. Alle drei kauen unablässig auf einem Cocapriem, um Hunger und Müdigkeit zu vertreiben.

Was immer sich unter der Gesteinsschicht verbirgt, mit Silber dürfen die Jungs nicht rechnen, das war schon im 18. Jahrhundert weitgehend ausgebeutet. Sie hoffen auf Zinn.

Zinn für die Barone

Potosí, die zu ihrer Hochzeit größte Stadt des amerikanischen Kontinents, versank im 19. Jahrhundert in der Bedeutungslosigkeit – bis Anfang des 20. Jahrhunderts plötzlich die Nachfrage nach Zinn wuchs und drei Männer, nämlich Simón Patiño, Carlos Aramayo und Moritz Hochschild später unermesslich reich machte.

In der Zwischenzeit war Bolivien 1824 von Spanien unabhängig geworden. Doch die Lage der indigenen Bevölkerung hatte sich dadurch um keinen Deut verbessert. Wer da um die Unabhängigkeit gekämpft hatte, das waren nicht die Ureinwohner gewesen, sondern die Kreolen, die Nachfahren der spanischen Eroberer, die selber über ihren Handel bestimmen und den Reichtum des Landes für sich behalten wollten. Sie übernahmen die Ländereien, die ihre Vorfahren von der spanischen Krone erhalten hatten, und bekamen kurzerhand die dort lebenden Ureinwohner als Leibeigene dazu. Obgleich Bolivien eine Republik war, durften Indigene nicht wählen – dieses Recht stand nur denjenigen zu, die Spanisch lesen und schreiben konnten, und schloss damit die Mehrheit der Bevölkerung von vornherein aus.

Der Berühmteste und Reichste der Zinnbarone war Simón Patiño. Der 1860 geborene Mestize kam ursprünglich aus bescheidenen Verhältnissen. Sein Vater hatte die Familie verlassen, und seine alleinerziehende Mutter stammte aus einfachen Verhältnissen. Der junge Patiño konnte zur Schule und danach in der Verwaltung eines Bergbaubetriebs in die Lehre gehen und lernte dabei alles über das Minengeschäft. 1897 kaufte er die ausgebeutete Silbermine La Salvadora bei Oruro, die sich wenig später als die reichste Zinnquelle der Welt erweisen sollte. Seine Investition tätigte er genau zum richtigen Zeitpunkt: War Zinn im 19. Jahrhundert noch so gut wie wertlos gewesen, fielen um die Jahrhundertwende die Silberpreise ins Bodenlose, und Zinn wurde dank der Industrialisierung in Europa und in den USA zu einem begehrten Metall, beispielsweise zum Rostschutz von

Konservendosen. Die Aufrüstung für die Weltkriege steigerte den Bedarf nochmals enorm. Patiño kaufte weitere Minen und 1911 nicht nur einen gewaltigen Bergbaukomplex, sondern auch eine Eisenbahnlinie. Geschäftstüchtigkeit, verbissener Fleiß und Skrupellosigkeit gegenüber Konkurrenten und Arbeitern machten Patiño binnen zweier Jahrzehnte zu einem der reichsten Männer seiner Zeit. Zeitweise beherrschte er mehr als die Hälfte des weltweiten Zinngeschäftes.

Den Preis für diesen Reichtum und die nachfolgende Macht zahlten, wie schon zu Zeiten der Spanier, die indigenen Arbeiter, die die gefährliche und gesundheitsschädliche Schwerstarbeit in den Zinnminen für Hungerlöhne verrichteten und für die es weder Arbeitsgesetze noch Schutzmaßnahmen gab. Es war eine von Patiños Minen, in der Arbeiter 1923 die erste bolivianische Gewerkschaft gründeten. Als es zu Aufständen kam, forderte der Zinnbaron die Armee zur deren Niederschlagung an. Was immer Patiño wollte – er bekam es. Sein Reichtum war so groß geworden, dass er quasi die Bank Boliviens darstellte. Er stürzte Präsidenten, die nicht in seinem Sinne agierten, und erhielt die verlangten Steuerprivilegien. 1925 zahlte er etwa 900 000 US-Dollar Steuern – auf einen Gewinn von 6,6 Millionen US-Dollar. Bei den übrigen Zinnbaronen war es ähnlich. Auch sonst profitierte die bolivianische Wirtschaft kaum von dem Reichtum, der aus der Erde des Landes geholt wurde, denn die Erträge investierte Patiño nicht im eigenen Land, sondern in Zinnwerke in Hamburg und Liverpool. Und in den verschwenderischen Luxus diverser Paläste. Zwei davon können in Cochabamba besichtigt werden, der Palacio Portales in der Stadt selbst und Payrumani in dem Vorort Vinto. Beide wurden von europäischen Architekten und Handwerkern erbaut, und auch ein Großteil der Baumaterialien wurde importiert, seien es italienischer Marmor oder französische Seidentapeten.

Revolution und Militärdiktatur

Bis in die 1950er Jahre hinein durften nur die weißen und dazu reichsten Bolivianer wählen, es waren gerade mal drei Prozent der Bevölkerung, denn das Wahlrecht war nicht nur an die Beherrschung der spanischen Sprache, sondern auch an ein festgesetztes Mindestvermögen gebunden. Auch sonst waren die Verhältnisse äußerst ungerecht und rückständig. 92 Prozent aller landwirtschaftlich nutzbaren Flächen gehörten einigen hundert Großgrundbesitzern, die Analphabetenrate lag bei 70 Prozent, und im ganzen Land gab es bei 2,7 Millionen Einwohnern nur 700 Ärzte und lediglich 4000 Studenten (In Deutschland kämen im Jahr 2018 auf 2,7 Millionen Einwohner ungefähr 11 000 Ärzte und 90 000 Studenten). Nicht nur die Minenarbeiter, sondern Menschen aus vielen Teilen der Bevölkerung forderten Veränderungen und wählten 1951 die Nationalrevolutionäre Bewegung MNR. Bevor die MNR unter Führung von Víctor Paz Estenssoro die Regierungsverantwortung übernehmen konnte, griff das Militär auf Betreiben der Minen- und Großgrundbesitzer mit einem Putsch ein. Die MNR entschloss sich zum bewaffneten Kampf. Minenarbeiter zogen nach La Paz, und nach heftigen Kämpfen mit rund 600 Toten übernahm die MNR 1952 die Macht. 40 Jahre nach der Mexikanischen war dies die zweite Revolution in Lateinamerika.

Es folgte eine ganze Reihe von Reformen. Die wichtigste war die des Wahlrechts. Von nun an durften alle Bolivianer über 21 Jahre, ob Mann oder Frau, des Schreibens kundig oder nicht, wählen. Wichtig war auch die Bildungsreform, mit der Grundschulen verpflichtend und kostenfrei wurden. Im Rahmen der Landreform wurden Ländereien von mehr als 300 Hektar enteignet und die Äcker den Arbeitern zugesprochen, die sie bis dahin für die Großgrundbesitzer bewirtschaftet hatten. Aber es gab auch viele Zugeständnisse an die Oligarchen, die reichlich aus der Staatskasse entschädigt wurden, und nur wenig Unterstützung für die *campesinos,* die Vertreter des Landvolks, denen es an Kapital und Kenntnissen fehlte. Die Minen wurden enteignet und von der staatlichen Bergbaugesellschaft COMIBOL übernommen. Neben den anderen Zinnbaronen verlor auch die Familie des inzwischen verstorbenen Patiño ihre Gruben, doch die waren bereits weitgehend ausgebeutet und der Preis für Zinn nach den Weltkriegen ohnehin im Keller. Kurzum: Die Revolution von 1952 führte zu keiner deutlichen Verbesserung der Lebensverhältnisse, weshalb sie auch als »die unvollendete Revolution« bezeichnet wird.

Im Lauf der Jahre übten die Oligarchen immer mehr Druck auf die Regierung aus, die Rechte der Gewerkschaften wieder zu beschränken. Darüber entzweite sich die Führung der MNR. Gleichzeitig hatte viel Kapital das Land verlassen, und die Wirtschaft lag am Boden. Geschwächt durch die inneren Diskrepanzen war die Regierung ein leichtes Ziel und wurde 1964 durch einen Militärputsch abgelöst. Mit dieser Machtübernahme begann die sogenannte weiche Diktatur, denn zumindest anfangs bestand die Hoffnung, die neue Regierung werde für stabilere Zeiten sorgen. Doch das Land stürzte ins Chaos. Ein Staatsstreich folgte dem nächsten, und zeitweise war es unmöglich, den Überblick darüber zu behalten, wer gerade an der Macht war. Im Oktober 1970 hatte Bolivien allein an einem einzigen Tag sechs verschiedene Präsidenten. Mit dem Putsch von Oberst Hugo Banzer wurde die Lage 1971 übersichtlicher, denn der etablierte eine waschechte Militärdiktatur, in der Gewerkschaften, alle linken Parteien und die freie Presse verboten waren und Oppositionelle spurlos verschwanden. Doch auch seine Herrschaft wurde 1978 durch einen erneuten gewaltsamen Machtwechsel beendet, und es folgte ein weiterer Reigen von Militärs. Erst 1982 führte nach insgesamt 18 Jahren Militärdiktatur wieder ein demokratisch gewählter Präsident das Land.

Öl und Gas für die Konzerne

Die Militärs hatten ein mit vier Milliarden hoch verschuldetes Land im wirtschaftlichen Chaos hinterlassen, dessen Inflation bis zu 8767 Prozent betrug. Der Internationale Währungsfonds und die Weltbank verlangten Strukturanpassungsprogramme. Der Erste, der dies ernsthaft in Angriff nahm, war Víctor Paz Estenssoro, der von 1985 bis 1989 wieder als Präsident die Regierung anführte. Er begann 1985 mit der neoliberalistischen Deregulierung des Staatskapitalismus, den er 1952 selber eingeführt hatte. Sein oberstes Ziel war es, die Inflation in den Griff zu bekommen. Das gelang ihm unter anderem, indem er damit aufhörte, die Arbeit in den Minen zu subventionieren. Nach 500 Jahren intensiven Abbaus von Silber und Zinn lohnte es sich in Potosí und anderswo nicht mehr, im großen Stil weiter Bergbau zu betreiben. Brauchte man früher im Berg nur einer Ader zu folgen, musste nun das Gestein Stück für Stück gesprengt werden, um tief im Berg noch ein paar Erzreste zu finden. Die staatliche Bergbaugesellschaft COMIBOL entließ massenhaft Arbeiter, gleichzeitig wurden Sozialausgaben und staatliche Dienstleistungen gekürzt. Weil zudem die Preise von Lebensmitteln und Grundbedarfsartikeln stiegen, verschlechterte sich die ohnehin schwierige Lage der Bevölkerungsmehrheit noch weiter.

Der liberale Unternehmer und in den USA aufgewachsene und ausgebildete Gonzalo Sánchez de Lozada, der von 1993 bis 1997 das Präsidentenamt innehatte, machte sich an die »Kapitalisierung«, eine bolivianische Sonderform der Reprivatisierung von Staatsbetrieben. Die Idee war, diese zur Hälfte an ausländische Investoren zu verkaufen, wobei diese 50 Prozent nicht als Kaufsumme, sondern als Investition von Kapital verstanden wurden. Mit diesem frischen Geld sollten die Betriebe modernisiert, die Produktivität gesteigert und Arbeitsplätze geschaffen werden. Die so erzielten Gewinne waren für eine Rentenkasse bestimmt. Um ausländische Investoren anzulocken, wurden niedrige Steuern vereinbart. Erzminen kamen genauso unter den Hammer wie die Eisenbahn, die Elektrizitätswerke und andere staatliche Unternehmen. Doch der Plan ging nicht auf. Die Preise für die Kunden der Telefongesellschaft Entel oder der Fluglinie LAB stiegen, während der Service schlechter wurde, denn die Investoren wollten Gewinne einstreichen. Besonders deutlich wurde der Ausverkauf bei den Rohstoffen. Bolivien verfügt nach Venezuela über die zweitgrößten Erdgasreserven Südamerikas und hat außerdem reiche Erdölvorkommen. Diese Rohstoffe wurden vollständig privatisiert, auf die Gewinne aus den Konzessionen mussten Konzerne wie die brasilianische Petrobras, British Gas, Total aus Frankreich oder die transnationalen Enron und Exxon-Mobil kaum Abgaben zahlen, und von dem Energiereichtum Boliviens blieb so gut wie nichts im Land. Unterm Strich konnte nur eine sehr kleine Schicht von der »Kapitalisierung« profitieren, während der Großteil der Bevölkerung weiter verarmte. Das nationale Trauma, einen Schatz zu besitzen, von dem andere profitieren, wiederholte sich nach den Erfahrungen mit Silber und Zinn zum dritten Mal.

Reste für die Bolivianer

COMIBOL behielt die rentablen Minen, in denen die Arbeiter Festanstellungen, Sozialleistungen und halbwegs moderne Maschinen hatten. Nur etwa zehn Prozent der Bergarbeiter Boliviens arbeiten dort. Der Rest schuftet in den weitgehend ausgebeuteten Schächten, die an die Bergbaukooperativen übergeben wurden. Deren Mitglieder übernehmen nun die mühsame und gefährliche Arbeit, die letzten Reste aus dem Berg zu kratzen. Jede Kooperative hat ihren Bereich des Berges und schlägt sich ständig tiefer in ihn hinein, immer in der Hoffnung, doch noch auf eine Ader zu stoßen. Zu den Zeiten von COMIBOL hatte es erstmals Schutzmaßnahmen gegeben, außerdem statische Berechnungen und einen Plan, wo gesprengt werden durfte und wo nicht. Heute arbeitet jede Kooperative für sich, Vorschriften gibt es dabei keine, zumindest keine, die kontrolliert oder befolgt würden. Nicht selten stürzen Gänge ein, wenn ein paar Meter darunter gesprengt wird.

Jhonnig, Rodrigo und Edwin haben die Mitgliedschaften in der Bergbaukooperative von ihren Vätern geerbt. Die drei Teenager bereiten gerade die Sprengladung vor. Dynamit, Zünder, Amoniumnitrat, »damit es richtig kracht«. Die Lunte ist kurz, denn Zündschnur ist teuer. So schnell wie möglich stolpern wir in geduckter Haltung den finsteren Gang hinunter und kauern uns hinter einen Felsvorsprung. Es knallt ohrenbetäubend, der Berg zittert und ächzt, Steine rumpeln. Mit der Druckwelle schießt eine Ladung dichten Staubs durch den Schacht. Ein bisschen aufgeregt gehen wir zurück. Wird sich die harte Arbeit gelohnt haben? Vor lauter Staub ist kaum etwas zu erkennen. Die Jungs halten sich die T-Shirts vor Nase und Mund. Und da liegt sie, die Ader, anderthalb Meter lang! Die Erzkristalle funkeln im Licht der Grubenlampe. Edwin strahlt. »Wir haben in der Lotterie gewonnen.« Aber vorher muss erst die Erzader von der Höhlendecke geschlagen und das Gestein aus dem Stollen geschleppt werden. Insgesamt zwölf Stunden dreckige, gefährliche Knochenarbeit und zum Schluss ein Verdienst von vier Euro für jeden von ihnen. In Potosí ist das ein richtig guter Tag.

Der Beginn des Wandels

Che – seiner Zeit voraus

Seit Stunden rattert der Bus über die Schotterpiste und zieht auf den Spuren Che Guevaras eine Staubwolke hinter sich her. Es geht Berg rauf, Berg runter und wieder Berg rauf, Berg runter. An den steilen Hängen wächst dichtes, stacheliges Gestrüpp, durchsetzt mit mannshohen Kakteen. Nur ganz selten kommen wir an kleinen Siedlungen mit ärmlichen, aus Feldsteinen errichteten Hütten vorbei. Dann wieder lange nichts außer Staub, Gestrüpp und mit Steinen durchsetzte Erde. Das also ist die Gegend, durch die Ende der 1960er Jahre der asthmakranke Revolutionär mit seiner schlecht verpflegten Truppe von Guerilleros marschierte, um einen Volksaufstand in die Wege zu leiten. Ein Blick aus dem Busfenster reicht, um zu erfassen, wie hoffnungslos dieses Unterfangen war.

Nach der erfolgreichen Kubanischen Revolution von 1959 hätte sich der Argentinier Ernesto »Che« Guevara eigentlich von dem aufreibenden Leben als Revolutionär verabschieden und als Industrieminister, zusammen mit Fidel Castro, die Geschicke Kubas leiten können. Doch das ruhige Leben lag ihm nicht, er verzichtete auf den Ministerposten und ließ sich stattdessen 1966 nach Bolivien einschleusen, um dort gemeinsam mit den gerade streikenden Bergarbeitern eine Revolution vorzubereiten. Für sein Unterfangen hatte er Bolivien gewählt, weil er glaubte, dass dessen geografische Lage im Herzen Südamerikas das Land zu einem idealen Ausgangspunkt machte, um von hier aus eine Revolution zu starten, die anschließend auf die ganze Region übergreifen könnte. Außerdem glaubte er, dass die Bevölkerung Boliviens mit ihrer großen indigenen Mehrheit nach Jahrhunderten der Unterdrückung zu einem Volksaufstand bereit sei, wenn sich nur jemand fände, der sie führt.

Mit der Unterstützung Castros hatte Che 44 Guerilleros um sich versammelt, teils Veteranen des Kuba-Kampfes, aber auch Neulinge wie die Ostdeutsche Tamara Bunke, die sich 1967 den Guerilleros anschloss. Der Comandante stationierte seine kleine Truppe in den südöstlichen Berghängen der Anden, in der Hoffnung, dort unter den Bauern Mitstreiter zu finden. Doch Che hatte die Bereitschaft der *campesinos* für ihre Rechte zu kämpfen weit überschätzt. Sie fühlten sich dem gerade regierenden General Barrientos verpflichtet, der einen Pakt zwischen Militär und Bauernschaft ausgerufen und versprochen hatte, die Errungenschaften der Landreform von 1952 zu verteidigen. Kein einziger Bauer schloss sich Ches Gruppe an, und auch die erhoffte Unterstützung durch die Kommunistische Partei Boliviens und die Bergarbeiter blieb aus.

In seiner 1963 veröffentlichten Schrift »Guerillakrieg – eine Methode« hatte Che Guevara vermerkt: »Diese Art von Krieg ohne die Unterstützung der Bevölkerung verwirklichen zu wollen, ist der Auftakt zu einer unvermeidlichen Katastrophe.« Das klingt wie eine Voraussage, der Begriff »katastrophal« beschreibt seine Lage recht gut. Abgeschnitten von Nachschub oder sonstiger Unterstützung aus Kuba war die Partisanengruppe völlig auf sich gestellt. Sie hatte kaum Verpflegung, nicht einmal ausreichend Wasser, und da zudem das bolivianische Militär frühzeitig von ihrer Anwesenheit in den Bergen erfahren hatte, waren die Guerilleros ständig gezwungen, ihr Lager zu wechseln und Scharmützel auszutragen. Binnen weniger Monate war die Gruppe auf 14 Mann zusammengeschmolzen und wurde schließlich von einem Bauern verraten. Die Männer, die man am 8. Oktober 1967 in der Yuro-Schlucht in der Nähe des Dorfes La Higuera festnahm, waren keine strahlenden Helden, sondern halb verhungerte Gestalten, die von den ständigen Gewaltmärschen durch die unwegsame Region völlig erschöpft waren. Nur einen Tag später wurde Che Guevara ohne Gerichtsverhandlung in der Schule von La Higuera von einem Feldwebel der bolivianischen Armee erschossen. Nach der Ermordung sollte die Leiche Che Guevaras spurlos beseitigt werden. Um beweisen zu können, dass es sich tatsächlich um den damals schon legendären Che handelte, wurden beide Hände entfernt und in Formaldehydlösung eingelegt. Seinen Körper vergrub man an einer geheimen Stelle neben der Fluglandebahn von Vallegrande. Bis 1997 galt die Leiche als verschollen. Erst 30 Jahre nach Che Guevaras Tod wurden seine Gebeine vom bolivianischen Militär wieder ausgegraben und nach Kuba gebracht, wo Che mit einem Staatsbegräbnis in einem eigens errichteten Mausoleum in Santa Clara beigesetzt wurde.

Obwohl Che Guevara damals bei seinem Revolutionsversuch in Bolivien keine Unterstützung fand, wurde er im Nachhinein zu einem der größten Volkshelden des Landes, der geradezu mythisch verklärt wird. Heute berufen sich Politiker und Bürgerrechtler auf ihn, und jeder Buchladen hat sein »Bolivianisches Tagebuch«, die Aufzeichnungen, die er während seiner Zeit in den Bergen rund um Vallegrande machte, vorrätig. Ganz zu schweigen von den unzähligen Graffiti mit seinem Konterfei. Es gibt auch eine »Ruta del Che«, eine mehr schlecht als recht ausgebaute Route auf den Spuren des Revolutionärs, die von Santa Cruz über Samaipata nach Vallegrande und La Higuera führt. Manche Anbieter präsentieren auch ehemalige Revolutionsdörfer und Urwaldverstecke, von denen natürlich schon lange nichts mehr übrig ist. Und jedes Jahr wird an seinem Todestag das ehemalige Schulhaus von La Higuera, das heute ein über und über mit Graffiti versehenes Museum ist, zum Pilgerziel. Eine ähnliche Verehrung wird in Bolivien nur Túpac Katari zuteil, einem Nachfahren des letzten Inkakönigs Túpac Amarú, der 1780 das Volk zu einem Generalangriff auf die Spanier mobilisierte. Túpac Katari prangerte damals die unzumutbaren Lebensbedingungen der Menschen an und forderte die Abschaffung der Zwangsarbeit. Mit einem gewaltigen Heer gelang es ihm, La Paz über neun

Monate zu belagern, bis die Aufstände schließlich niedergeschlagen und er 1781 hingerichtet wurde. Bis heute wird er von der indigenen Bevölkerung als erster Märtyrer der Freiheit verehrt.

Mit der Idee, in Bolivien einen Volksaufstand anzuführen, war Che Guevara seiner Zeit weit voraus. Es gab zwar die Revolution von 1952 sowie während und noch mehr nach dem Ende der Militärdiktatur regelmäßig Proteste, Straßenblockaden und Generalstreiks, doch es sollte bis zur Jahrtausendwende dauern, bis die Wut der Bevölkerungsmehrheit so groß war, dass sie sich zu ernsthaftem Widerstand gegen die herrschenden Verhältnisse ballte.

Der Kampf der Cocabauern

Die Strecke von Cochabamba runter in die Provinz Chapare ist nicht besonders weit und die Straße gut ausgebaut. Hat man einmal den 3700 Meter hohen Pass bei Colomi überwunden, geht es stetig über viele Kurven immer weiter hinab ins tropische Tiefland. Man kann zuschauen, wie sich die Vegetation mit nahezu jedem Höhenmeter ändert. Gerade noch war nur stacheliges, gelbes Ichugras zu sehen, an dem ein paar zerzauste Lamas zupften, doch schon werden die Büsche höher und grüner. Ungefähr auf halber Strecke nach Villa Tunari, dem größten Ort im Chapare, ist ein Kontrollposten, groß genug, um unter dem Blechdach mehrere Busse und Lastwagen gleichzeitig zu durchsuchen. Ende der 1990er Jahre war hier ein längerer Zwischenstopp fällig. Es war jedes Mal dasselbe: Fahrer und Passagier mussten Auto, Bus oder LKW verlassen und ihre Taschen vorzeigen. Kofferräume wurden durchsucht, Hunde in Frachträume geschickt und an langen Stangen Spiegel unter die Karosserie gehalten. Schwer bewaffnete Männer in Tarnuniform beobachteten die Passagiere. Das alles, um sicherzustellen, dass niemand Schwefelsäure, Aceton und andere Chemikalien ins Tiefland bringen konnte. Auch größere Mengen Kerosin waren verdächtig. Die Fahrgäste murrten. »Sie sollen uns einfach in Ruhe lassen«, sagte einer. »Die finden sowieso nichts«, meinte ein anderer und sollte damit Recht behalten. Das Geschäft mit dem Kokain ist allemal gut genug, um die Chemikalien für die Produktion einfliegen zu lassen.

In all den Jahren des wirtschaftlichen Niedergangs, der Hyperinflation und des Neoliberalismus gab es einen Wirtschaftszweig, der nicht nur stabil war, sondern boomte: Coca. Ende der 1970er Jahre stieg in den USA und bald auch in Europa die Nachfrage nach Kokain sprunghaft an, und in Kolumbien entstanden Kartelle, die sie befriedigten. Bolivien ist neben Peru und Kolumbien traditionell ein Hauptanbaugebiet des Cocastrauches. Als Anfang der 1980er Jahre eine fürchterliche Kältewelle das Hochland heimsuchte, packten viele Kleinbauern ihr Hab und Gut zusammen, setzten sich in einen klapprigen Minibus und fuhren in den Chapare, um dort ein Stückchen Land zu roden und darauf Coca anzubauen. Eine von ihnen war die Familie Morales, die bis dahin in einem Dorf in der Nähe von Oruro Schafe gezüchtet hatte. Ihr folgten Mitte der 1980er Jahre mit jeder Streichung von Subventionen für den Bergbau, mit jeder Massenentlassung von Minenarbeitern mehr Menschen, die ein neues Auskommen brauchten. 80 000 Familien wanderten in den Tropico, wie die Gegend aufgrund ihres Klimas genannt wird, und begannen dort ein neues Leben.

Entlang der Hauptstraße von Cochabamba nach Santa Cruz erinnern nur gelegentliche Polizeiposten daran, dass der Chapare das zweitwichtigste Cocaanbaugebiet der Welt ist. Doch das ändert sich, sobald man die Hauptstraße verlässt. Die Hütten sind immer noch aus rohen Brettern zusammengezimmert, doch auf jeder zweiten prangt eine Satellitenschüssel, die so groß ist, dass man um die Statik der Buden fürchtet. Dazwischen große, quietschbunte Häuser. Keine Frage: Hier wird Geld verdient. Um zu sehen womit, muss man nur nach kleinen Pfaden Ausschau halten, die von der Nebenstraße abzweigen. Sie schlängeln sich ein paar Meter durch das Gebüsch, das als Sichtschutz stehen geblieben ist, und münden unweigerlich auf ein Feld voller unscheinbar wirkender grüner Büsche. Aber Vorsicht, Fremde sind hier nicht erwünscht, misstrauische Blicke sind jedem Gringo, der sich hierher verirrt, sicher. Mittelsmänner kaufen die frisch geernteten Blätter säckeweise auf und bringen sie in versteckte Labore.

Freunde von uns haben aus Versehen mal fast eines dieser Labore entdeckt. Sie wollten im Chapare neue Wanderwege auskundschaften und folgten der alten Straße von Cochabamba ins Tiefland. Doch zu ihrer Überraschung fanden sie sich statt auf einer überwucherten Dschungelpiste auf einer gut ausgebauten Strecke mit vielen Lastwagen wieder. Kein guter Wanderweg, sagten sie sich und drehten um, zumal ihnen die Situation nicht ganz geheuer war. Glück gehabt. Denn als sie das später einem bolivianischen Bekannten erzählten, wusste der nicht, ob er lachen oder vor Entsetzen schreien sollte. Es wisse doch wohl jeder, dass an der alten Straße die großen Kokainlabore seien und dass man dort auf keinen Fall einen Fuß hinsetzen dürfe. Kein Außenstehender, der über ein Kokainlabor stolpert, würde es wieder lebendig verlassen. Die Produktionsprozesse innerhalb dieser Labore sind dennoch bekannt: Für den ersten Verarbeitungsschritt werden Gruben ausgehoben, mit Folie ausgelegt und die Blätter mit Kerosin übergossen, um den für das Kokain entscheidenden Wirkstoffe Ecgonin herauszulösen. Einen Tag später werden die Blätter abgeschöpft, die entstandene Flüssigkeit wird nach und nach mit verschiedenen Chemikalien versetzt und zum Schluss zu Cocapaste eingedampft. Für ein Kilogramm davon benötigt man 600 Kilo Cocablätter. Die Paste besteht bereits zu 40 bis 60 Prozent aus Kokain. Sie wird mit kleinen Flugzeugen von versteckten Pisten nach Kolumbien gebracht, wo sie zu reinem Kokainpulver weiterverarbeitet und in die USA und nach Europa geschmuggelt wird.

Anfang der 1980er Jahre sagten die USA unter Reagan dem Kokain den Kampf an. Sie schalteten sich in Kolumbien in die Jagd nach dem Drogenkönig Pablo Escobar ein. Von Bolivien und Peru verlangten sie als Gegenleistung für ihre Entwicklungshilfe, radikal gegen den Cocaanbau vorzugehen. Es wurden Quoten festgesetzt, wie viele Hektar zu vernichten waren, und Bolivien kooperierte mehr oder weniger, je nachdem, wer gerade Präsident war.

Tingo Maria, Peru 2009: Die Stimmung ist angespannt. Schon zum vierten Mal in diesem Jahr haben Cocabauern aus der Umgebung die strategisch wichtige Brücke und alle Zufahrtstraßen in die Stadt blockiert. Wütend schreien sie Parolen in Richtung des Militärs, das mit 500 mit Schnellfeuergewehren bewaffneten Soldaten eingeflogen wurde, um den Aufruhr unter Kontrolle zu halten. Die Bauern protestieren – mal wieder – gegen die Zerstörung ihrer Felder, die Cocapflanzungen werden regelmäßig von Polizei und Militär vernichtet.

Marcelino ist einer der wütenden Cocabauern, der *cocaleros*. »Letztes Jahr kam die Polizei und zerhackte mit Macheten unser Feld. Wir hatten große Angst, denn ich kannte Leute, die sich der Polizei entgegenstellten und getötet wurden. Deshalb haben wir nur zugesehen und von einem Tag auf den anderen alles verloren.« Er will den Anbau von Coca trotzdem nicht aufgeben und hat auf seinem Feld neue Sträucher gepflanzt. Die Pflanze ist anspruchslos und beschert ohne viel Aufwand bis zu vier Ernten im Jahr. Außerdem werden die Blätter besser bezahlt als Kakao, Zitrusfrüchte oder Kaffee. »Um einen Sack Cocablätter zu ernten, brauchen wir eine Stunde und bekommen dafür sechs US-Dollar. Ein Sack Kaffee kostet uns drei Tage Arbeit und bringt nur 30 Dollar ein.« Ein anderer *cocalero* macht eine ähnliche Rechnung auf: »Mit einem Hektar Coca kann man so viel verdienen wie mit drei Hektar Kakao.« Sie hat auch erlebt, wie mit Helikoptern Gift versprüht und nicht nur die Coca, sondern auch ihre Bananen und Papayas vernichtet wurden: »Einfach alles war vergiftet«, sagt sie. Als unser Taxi später die auf der Straße liegenden Felsbrocken umkurvt und die Blockade aus Zweigen durchbricht, fliegen uns Steine hinterher.

Alle, mit denen ich in Bolivien über diese Erfahrung gesprochen habe, sagten mir, genauso und noch viel heftiger sei es

15 Jahre lang im Chapare regelmäßig gewesen. »2000 Bauern besetzten die Brücke und campierten tagelang in den Gassen von Villa Tunari«, erzählt mir ein Augenzeuge. »Es waren einfache Leute, für die diese Kleinstadt die größte Metropole war, die sie je gesehen haben. Sie bastelten Steinschleudern, um damit gegen das Militär zu kämpfen, und legten mit ihren einfachen Mitteln die ganze Region lahm.« Seit 1987 Antidrogeneinheiten der DEA (Drug Enforcement Administration) aus den USA in der Region stationiert worden waren, war die Gegend voll von vergleichbaren Geschichten. Die Bauern verloren ihre Lebensgrundlage, weil es keine alternativen Einkommensprogramme gab. Proteste waren unausweichlich, beantwortet wurden sie mit Hunderten Festnahmen, es gab Verletzte und Tote. Daraufhin noch mehr Straßenblockaden und Märsche, an denen sich Tausende Cocabauern beteiligten. Doch das alles nutzte nichts. Je mehr Coca zerstört wurde, desto lukrativer war der Anbau, und andere Einkommensmöglichkeiten gab es nicht. Hugo Banzer, der 1997 gewählt wurde, wollte endgültig hart durchgreifen. »Coca cero« »Null Coca« – war sein Slogan, und um ihn umzusetzen, schaltete er, unterstützt von den USA, das Militär und eine paramilitärische Drogenbekämpfungspolizei ein. Mitten in der Nacht standen Bewaffnete in den Hütten, schlugen auf die Bauern ein und verhörten sie. Gleichzeitig verschärften sich die Proteste der Cocabauern noch weiter. Unter der Führung des jungen Gewerkschafters Evo Morales marschierten sie 1998 bis nach La Paz. Doch noch beschränkten er und die Cocabauern sich darauf, gegen die Vernichtung der Coca zu demonstrieren.

Der Wasserkrieg von Cochabamba

Wann immer ich in den letzten 20 Jahren in Cochabamba war – Wasser war immer eines der Hauptthemen. Entweder war der Stausee oberhalb der Stadt gerade so leer, dass eisern gespart werden musste, oder man war allgemein der Ansicht, dass es bald wieder so weit sein würde. Einmal berichtete die Lokalzeitung, es bestehe derzeit kein Anlass zur Sorge. Allein, dass dies der Redaktion eine Meldung wert war, zeigt, wie wichtig das Thema ist. Das liegt auch daran, dass rund um die Stadt viel Landwirtschaft betrieben wird, die mit der stetig wachsenden Bevölkerung um das knappe Gut konkurriert. Außerdem sind noch immer nicht alle Haushalte Cochabambas an die öffentliche Versorgung angeschlossen, die Menschen müssen in Eigenregie zusehen, wie sie an Wasser kommen. Kurzum, in keiner anderen Stadt Boliviens ist die Wasserversorgung so schlecht wie in Cochabamba. Es war deshalb wenig verwunderlich, dass ausgerechnet hier der Wasserkrieg ausbrach, über den die spanische Regisseurin Icíar Bollaín den sehr gelungenen Spielfilm »Und dann der Regen« gemacht hat.

Der Wasserkrieg von Cochabamba begann Ende 1999 mit der Privatisierung der Wasserversorgung der Stadt. Weltbank und Internationaler Währungsfonds hatten dazu gedrängt und sie zur Bedingung für neue Kredite gemacht. Den Zuschlag erhielt die neu gegründete Aguas de Tunari, eine Tochter des Bechtel-Vivendi-Konzerns. Der Vertrag wurde hinter verschlossenen Türen und ohne öffentliche Beteiligung ausgehandelt und garantierte Bechtel-Vivendi eine jährliche Rendite von 15 bis 17 Prozent, und zwar unabhängig von Service und Qualität ihrer Leistung. Innerhalb kürzester Zeit verdreifachte der Konzern die Wasserpreise. In einem Land wie Bolivien, wo ein Großteil der Bevölkerung mit weniger als einem oder zwei US-Dollar am Tag auskommen muss, war das ein enormer Preisanstieg, der für viele Menschen nicht zu bezahlen war. Die Proteste waren unausweichlich.

»El agua es nuestro« – »Das Wasser gehört uns« – skandierten die Demonstranten, die wochenlang mit Blockaden und Generalstreiks die Stadt lahmlegten. Ihre Wut richtete sich nicht nur gegen die Preissteigerung, sondern auch gegen das gleichzeitig erlassene Wassersektorengesetz. Danach musste jede Versorgungsleistung mit Trinkwasser genehmigt werden, und das betraf auch Nachbarschaftshilfen und Kooperativen, die sich mit Tankwagen und eigenen Brunnen selbst um das Wasser kümmerten. Etwa ein Drittel der Wasserversorgung Cochabambas war damals so organisiert. Auch Kleinbauern, die seit jeher das Grundwasser für die Bewässerung ihrer Felder und als Trinkwasser genutzt hatten, sollte es verboten werden, ohne Genehmigung auf ihrem Land eigene Brunnen zu bohren. Selbst das Sammeln von Regenwasser wurde genehmigungspflichtig. De facto war also die gesamte Wasserversorgung der Region quasi über Nacht in die Hände eines einzigen großen Konzerns gelegt worden, und das mittels eines Gesetzes, das unter fragwürdigen Umständen innerhalb kürzester Zeit durchgedrückt worden war.

Die wütenden *cochabambinos* schlossen sich massenweise den aufkeimenden Protesten an und gründeten im November 1999 die »Koordinationsstelle zur Verteidigung des Wassers und des Lebens«. Diese *coordinadora* forderte eine Reform des Wassersektorengesetzes und die Rücknahme der Konzession an den Konzern. Die bolivianische Regierung unter Ex-Diktator Hugo Banzer ignorierte jedoch die Kritik und weigerte sich, die Coordinadora als Verhandlungspartner anzuerkennen. Stattdessen schickte sie als Antwort auf die zunehmenden Demonstrationen das Militär nach Cochabamba. Tagelang glich diese Stadt einem Kriegsschauplatz. Die Regierung schreckte auch vor der Verhängung von Ausgangssperren und Ausnahmezustand sowie dem Schusswaffeneinsatz nicht zurück. Der Konflikt eskalierte und fand seinen Höhepunkt im April 2000, als ein jugendlicher Demonstrant durch einen Scharfschützen des Militärs erschossen wurde. Doch erst als die Zahl der Verletzten stieg und die Lage vollends außer Kontrolle zu geraten drohte, lenkte die Regierung ein und erfüllte die Forderungen der Coordinadora. Das Wassersektorengesetz wurde überarbeitet und die Konzession an das private Unternehmen zurückgenommen.

Der Wasserkrieg von Cochabamba sorgte weltweit bei Globalisierungsgegnern wie Konzernen für große Aufmerksamkeit, denn es war das erste Mal, dass Proteste aus der Bevölkerung einen multinationalen Konzern zum Rückzug zwangen. Bechtel-Vivendi ließ das übrigens nicht auf sich sitzen, sondern verklagte Bolivien vor einem Schiedsgericht der Weltbank über Investitionsstreitigkeiten (ICSID) auf mehr als 25 Mio. US-Dollar Schadensersatz für entgangene Gewinne. Die Klage wurde jedoch 2006 nach internationalem zivilgesellschaftlichem Druck zurückgezogen.

Die Wasserversorgung von Cochabamba ist nun wieder in den Händen des vorherigen öffentlichen Versorgers SEMAPA, der regelmäßig mit Korruption, Vetternwirtschaft und mangelhafter Infrastruktur Schlagzeilen macht. An der schlechten Wasserversorgung der Stadt hat sich wenig geändert. Doch für Bolivien war der Wasserkrieg eine Initialzündung, denn er war ein Musterbeispiel dafür, was eine Bürgerbewegung erreichen kann, wenn sie nur lange genug durchhält und heftig genug protestiert.

Wendejahre

20 Jahre nach Wiederherstellung der Demokratie hatte sich immer noch nichts Wesentliches für die Mehrheit der Bevölkerung geändert, und Bolivien war eigentlich schon 2002 reif für den Wechsel. Doch noch klammerten sich die alten Eliten mit aller Kraft an die Macht. Gonzalo Sánchez de Lozada, kurz Goni, der in den 1980er Jahren als Präsident die Privatisierung vorangetrieben hatte, trat noch einmal an. Ihm war klar, dass er Unterstützung brauchen würde, deshalb heuerte er bei der US-amerikanischen Firma Greenberg, Carville and Shrum an. Die ließ sich bei ihrem Einsatz in Bolivien von einem Dokumentarfilmteam begleiten. »Our brand is crisis« zeigt außergewöhnliche Innenansichten eines dem Untergang geweihten Systems, die sonst nicht an die Öffentlichkeit gelangt wären. Da ist zu sehen, wie ausländische Berater mit dem Präsidentschaftskandidaten Sätze über Ressourcen, die dem Volk zugutekommen sollen, einüben, Schmutzkampagnen ersinnen und wie der amerikanische Botschafter mitten im Wahlkampf Konsequenzen androht, sollte jemand gewählt

werden, der mit Drogen in Verbindung steht. Gemeint war Evo Morales, der sich erstmals landesweit zur Wahl stellte. Der Dokumentarfilm war übrigens Vorlage für einen Spielfilm mit Sandra Bullock, der in Deutschland unter dem Namen »Die Wahlkämpferin« ins Kino kam. Es ist bemerkenswert, dass die fiktive Version der Geschichte kaum absurder wirkt als die dokumentarische.

Mit Hilfe der ausgeklügelten Kampagne seiner Berater hatte Goni die Wahlen gewonnen – mit nur 1,5 Prozent Vorsprung vor Evo Morales, der aus dem Stand Zweiter geworden war. Nun musste er liefern. Im Wahlkampf hatte Goni viel versprochen, vor allem Arbeitsplätze, die durch sein neoliberales Wirtschaftsprogramm entstehen sollten. 90 Tage hatte er sich dafür gegeben, doch nach sieben Monaten war immer noch nichts passiert. Stattdessen verkündete er Steuererhöhungen, die bereits ab einem monatlichen Einkommen von umgerechnet rund 100 Euro greifen sollten. Das sei nötig, erklärte er, damit die internationalen Geldgeber wieder Kredite geben, die für die Ankurbelung der Wirtschaft gebraucht würden. Im Februar 2003 gab es den ersten großen Aufstand des Jahres. Bei gewaltsamen Demonstrationen rund um den Präsidentenpalast an der Plaza Murillo kamen 35 Menschen ums Leben, 200 wurden schwer verletzt.

Währenddessen tobte im Chapare der Kampf zwischen Cocabauern und Regierungseinheiten weiter. Die Stimmung war aufgeheizt, und als Goni dann auch noch eine Pipeline zum chilenischen Hafen Mejillones bauen lassen wollte, um Erdgas nach Mexiko und in die USA zu exportieren, eskalierte die Lage im Oktober vollends. Dabei entzündete sich die Wut mehr an der Tatsache, dass der alte Erzfeind Chile davon profitieren sollte, als daran, dass die Ressource billig ausverkauft wurde. Der rein unternehmerisch denkende Präsident hatte die Emotionen im Volk unterschätzt. Diesmal blockierten die Demonstranten die wichtige Straße nach Chile, und die Bewohner von El Alto sperrten die Zufahrtswege in die Hauptstadt. Der Präsident ließ das Militär aufmarschieren und scharf schießen. Dieser blutige Herbst 2003 ging auch als »Gaskrieg« in die Geschichte ein. Als sich nach mehr als 80 Toten sein Vize von ihm distanzierte, flüchtete Goni ins Exil in die USA, und sein Stellvertreter Carlos Mesa, Historiker und geachteter Fernsehpublizist, übernahm das Präsidentenamt.

Mesa befriedete die Lage, indem er ein Referendum abhalten ließ. Es ging um die Renationalisierung des Energiesektors, die Besteuerung der Gewinne, um Bildung, Gesundheit und Straßenbau. In der landesweiten Abstimmung wurden alle Vorschläge angenommen, doch bevor sie im zweiten Schritt im Parlament umgesetzt werden konnten, war es mit Mesas Präsidentschaft auch schon wieder vorbei. Denn so angespannt die Lage in Bolivien auch war, der Druck der Weltbank, weiter zu sparen, ließ nicht nach. Bei einer Rede vor der Vollversammlung der Vereinten Nationen warnte Mesa davor, weiter von Bolivien zu verlangen, einen neoliberalen Kurs zu verfolgen. »Wir können nicht Wirtschaftswachstum und Wohlstand für einige wenige schaffen und erwarten, dass die davon ausgeschlossene Mehrheit stumm und geduldig zusieht«, sagte er. Stattdessen sollten Industrieländer Entwicklungsnationen wie Bolivien besser unterstützen und die weltweite Armut bekämpfen, forderte er, denn die krassen sozialen Gegensätze seien eine Gefahr für die Demokratie des Landes. Doch diese fast schon prophetische Rede verhallte ungehört. Aufgerieben zwischen den Forderungen der Weltbank, den Erwartungen der sozialen Bewegungen und dem Gegendruck der weißen Oberschicht trat Carlos Mesa im Juni 2005 zurück, nachdem unter der Führung von Evo Morales fünf Wochen lang Straßensperren das ganze Land lahmgelegt hatten. Anlass war wieder ein Vertrag über den Export von Erdgas gewesen. Neuwahlen wurden angesetzt, und diesmal kam es wirklich zu einem Neuanfang.

Evo Morales: Lichtgestalt und Schreckgespenst

Cocabauer und Gewerkschaftsführer

Die Hinrichtung des indigenen Freiheitskämpfers Túpac Katari durch die Spanier war eine grausame Angelegenheit. 1781 wurde er in La Paz an Händen und Füßen mit Stricken an vier Pferden festgebunden und gevierteilt. »Sie töten nur mich, aber ich werde wiederkommen und meiner werden Millionen sein«, das sollen seine letzten Worte gewesen sein, und mit ihnen beginnt der Film »Evo Pueblo«. Schnitt. In der nächsten Einstellung wird in einer düsteren Hütte ein Kind geboren. Die gedruckte Version steht der filmischen Biografie von Evo Morales nicht nach. Der Autor Muruchi Poma konstruiert, dass Evo Morales ein direkter Nachfahre des Freiheitskämpfers sei, und betont außerdem, dass einer seiner Mentoren Che Guevara persönlich gekannt und ihm Unterschlupf gewährt habe. Keine Frage, die Mythenbildung rund um den Präsidenten hat längst begonnen.

Dabei wäre der Mythos gar nicht notwendig – der Aufstieg Evo Morales' vom Sohn verarmter Bauern zum Präsidenten ist auch ohne jede mythische Verklärung beeindruckend. Er wurde 1959 in dem Dörfchen Isallawi, gut 150 Kilometer südwestlich von Oruro, geboren. Sein Geburtshaus war eine fensterlose kleine Hütte aus Adobeziegeln mit einem Dach aus Ichugras. Isallawi liegt auf fast 3800 Metern, die Böden sind sandig, außer stacheligem Gras und Kakteen wächst hier kaum etwas. Die Menschen müssen mit dem wenigen auskommen, das sie der trockenen Erde abtrotzen können. Von den sieben Kindern der Familie Morales, die zum indigenen Volk der Aymara gehört, überlebten nur drei das Kleinkindalter. Bereits als Junge musste Evo Morales mithelfen, den Lebensunterhalt der Familie zu verdienen. Er soll schon im Alter von gerade mal vier Jahren mit seiner Schwester über die Hochebene gewandert sein, um Schafe zu hüten. Trotz dieser widrigen Umstände konnte er nicht nur die Grundschule, sondern später auch die weiterführende Schule besuchen.

Einige Jahre später, als das Hochland Boliviens Anfang der 1980er Jahre von einer Kältewelle heimgesucht wurde und viele Kleinbauern endgültig kein Auskommen mehr fanden, entschloss sich die Familie Morales, wie so viele damals, in den Chapare zu emigrieren. Sie kaufte ein Stück Land, errichtete eine Bretterhütte auf Stelzen und begann mit dem Cocaanbau. Evo Morales, damals 21, wurde wie alle Cocabauern automatisch Mitglied der Gewerkschaft. Als begeisterter Fußballspieler organisierte er anfangs lediglich Meisterschaften, doch als er 1981 Zeuge davon wurde, wie ein Cocabauer von angetrunkenen Militärs mit Benzin übergossen und bei lebendigem Leib verbrannt wurde, änderte sich das. Evo Morales selbst bezeichnet dieses Erlebnis als Wendepunkt: »Ab diesem Moment versprach ich, unermüdlich für die Menschenrechte, für die Ruhe und den Frieden in unserer Heimat, für den freien Cocaanbau, für die nationale Souveränität der Rohstoffe, für die Menschenwürde der Bolivianer und für unsere Freiheit zu kämpfen«, zitiert ihn der Biograf Alex Contreras Baspineiro.

Evo Morales begann eine Gewerkschaftskarriere und wurde 1985 Generalsekretär der *cocaleros*. Ungefähr zum selben Zeitpunkt kamen die in zahllosen Streiks und auch Aufständen erprobten, im Zuge der Neoliberalisierung entlassenen Bergarbeiter in den Chapare. In punkto Widerstand brachten »Evos Truppen« jede Menge Erfahrung mit, und je mehr die verschiedenen Regierungen Boliviens und ab 1987 auch die Antidrogeneinheiten der USA die Zerstörung der Cocafelder vorantrieben, desto besser und schlagkräftiger organsierten sie sich unter der Führung ihres Generalsekretärs. Die Straßenblockaden und Demonstrationen häuften sich, und die Popularität von Evo Morales wuchs. Das fiel auch seinen politischen Gegnern auf, die ihn 1989 entführten, schwer misshandelten und lebensgefährlich verletzt im Wald liegen ließen.

1993 wurde er zum Präsidenten des Koordinierungskomitees der Verbände der Tropen von Cochabamba (CCFTC) gewählt und damit zu einem der mächtigsten Gewerkschaftsführer Boliviens. Schätzungsweise 60 000 gut vernetzte Cocabauern hörten auf sein Kommando, genug, um die wichtige Straßenverbindung von Cochabamba nach Santa Cruz, die quer durch den Chapare führt, in kürzester Zeit lahmzulegen. Und das taten sie auch. Zum Beispiel, als die Regierung Anfang 1994 5000 Hektar Cocafelder vernichten ließ, um im Gegenzug 20 Millionen Dollar von den USA zu erhalten. Oder als ein paar Monate später ein Gewerkschaftsführer ermordet wurde.

Die Gründung der MAS

1995 standen Wahlen an, und die Cocabauern fragten sich, welcher Partei sie ihre Stimme geben sollten. Einmal mehr wurde offenbar, dass es keine Partei gab, die ihre Interessen vertreten würde – alle etablierten Parteien hatten sich dem Kampf gegen den Cocaanbau verschrieben. Es gab zwar kleine indigene Bündnisse, doch die waren ihren jeweiligen Ethnien zugeordnet und vertraten gezielt nur deren Interessen. Bei einem Treffen aller großen Gewerkschaften wurde deshalb beschlossen, eine neue Partei zu gründen, die für alle Indigenen wählbar sein sollte. Das erwies sich als ausgesprochen kompliziert. Unter anderem waren dafür 5000 eingetragene Mitglieder notwendig. Die waren zwar schnell zusammen, der Nationale Wahlgerichtshof wies ihre Dokumente jedoch zurück, da vielfach Straßennamen und Hausnummern fehlten – beides gibt es in den Andendörfern nicht. Das politische System Boliviens war schließlich dazu angelegt, eine politische Beteiligung der indigenen Bevölkerungsmehrheit zu verhindern. Zweimal versuchten die Gewerkschaften vergeblich, eine eigene Partei zu gründen, und wurden aus vorgeschobenen formaljuristischen Gründen mehrfach von den Wahlen ausgeschlossen. Nur Morales selber hatte sich über die Liste einer linken Partei aufstellen lassen und war als Abgeordneter ins Parlament eingezogen.

Schließlich griff die Bewegung zu einem Trick: Sie übernahm 1999 Name und Flagge der kurz vor der Auflösung stehenden linksgerichteten Splitterpartei Movimiento al Socialismo (MAS). Vorsitzender der MAS wurde Evo Morales. So konnte er 2002 schließlich zum ersten Mal bei den nationalen Wahlen antreten, gewann auf Anhieb knapp 21 Prozent der Stimmen und kam damit auf den zweiten Platz hinter dem amtierenden, konservativen Präsidenten de Lozada. Ausgerechnet der US-Botschafter trug, mit dem Ziel, de Lozada zu unterstützen, wesentlich zu Evo Morales' Erfolg bei. Er hatte verkündet, sein Land werde Bolivien die Entwicklungshilfe streichen, wenn Evo Morales Regierungsverantwortung übernähme. Diese Arroganz der in weiten Teilen der Bevölkerung verhassten Supermacht trieb die Wähler zu den Urnen. Doch weder die immer noch existierende linksgerichtete Movimiento Nacionalista Revolucionario (MNR) noch die linksrevolutionäre Movimiento Izquierda Revolucionaria (MIR) und schon gar nicht die rechtspopulistische Nueva Fuerza Republicana (NFR) wollten mit der MAS koalieren. Notgedrungen schlossen sich diese ungleichen Partner zu einer Koalition zusammen, während die MAS von der Oppositionsbank aus lautstark die Regierung kritisierte und immer populärer wurde.

Auf der Zielgeraden

»Willkommen in der Welthauptstadt der Straßensperren« begrüßt uns 2005 ein Eisverkäufer, als unser Bus in dem Städtchen Caracollo einen Zwischenstopp einlegt. In dem kleinen Ort ist absolut nichts los, aber hier zweigt von der Nationalstraße N1, die von La Paz nach Oruro führt, die N4 nach Cochabamba ab. Wer diese Gabelung blockiert, hat mit einem Streich den größten Teil des Landes lahmgelegt. Und genau das hatten die Anhänger der MAS kurz bevor wir dort vorbeikamen getan, und zwar gleich fünf Wochen lang. Auslöser war, dass sie sich in Fragen der Privatisierung von Rohstoffen übergangen fühlten. Aufgrund der Blockade wurden Waren knapp und Geschäfte nicht beliefert, Zigtausende Hühner verendeten in ihren Transportkäfigen, Taxifahrer konnten keine Kunden fahren. Der wirtschaftliche Schaden war enorm, die Mittelklasse war aufgebracht darüber, dass der Präsident Carlos Mesa nicht einschritt und die Blockaden auflöste, doch der hielt sich zurück. Auf keinen Fall wollte er eine Wiederholung von 2003, als sein Vorgänger das Militär mobilisierte und es über 80 Tote und zahllose Verletzte gegeben hatte. Stattdessen stimmte er Neuwahlen zu. Das alles erzählt uns der Eisverkäufer, stolz, dabei gewesen zu sein. Wir tun ihm leid, weil wir diesen historischen Moment verpasst haben. Doch noch sei nicht alles vorbei. »Heute ist Feiertag, und die Leute müssen auch mal ausruhen, aber morgen gibt es wieder Demonstrationen«, tröstet er uns.

Er behält Recht. Ein paar Tage später stecken wir in Potosí fest, keine zwei Stunden nach dem Beginn des *bloqueos* werden die Grundnahrungsmittel in den Geschäften knapp, weil die Bevölkerung sofort die Notvorräte aufstockt. Auf der Ausfallstraße riecht es noch nach dem Dynamit, mit dem die *mineros* Felsbrocken von der Bergflanke gesprengt haben, die jetzt verteilt auf der Straße liegen. Sie protestieren gegen die Einführung von Umweltstandards in den Minen. Das mit Chemikalien versetzte Wasser, mit dem die Edelmetalle aus dem Stein gelöst werden, sollte von Schwermetallen gereinigt werden, bevor es in die Umwelt gelangt, andernfalls wird der Abbau verboten. Doch mit den mageren Erlösen aus den Minen können die Kooperativen keine noch so einfache Filteranlage bezahlen. »Wir streiken so lange, bis die Regierung nachgibt. Die Minen sichern unser Überleben, wir lassen nicht zu, dass sie aus Umweltschutzgründen geschlossen werden«, erklärt einer der Arbeiter, der in eine Decke gehüllt am Feuer steht.

Die Mittelschicht zittert. »Wir haben Angst, dass Evo Morales an die Macht kommt«, sagte mir eine Bekannte. »Denn dann wird es hier so wie in Kuba. Wer auch nur etwas Geld hat, wird alles verlieren!« Weil es so aussieht, als würde ich ein Interview mit ihm führen können, gibt sie mir eine Frage mit: »Frag ihn, wer sein politisches Vorbild ist, Stalin oder Hitler.« Ein heftiger Satz für eine Jüdin, deren Eltern im Dritten Reich aus Deutschland nach Bolivien geflohen waren. Die Furcht des weißen Mittelstandes ist in diesen Tagen überall spürbar. Vor Supermärkten steht Security in schusssicheren Westen, die Anwohner wohlhabender Gegenden engagieren Wachdienste, deren Angestellte bewaffnet mit Schlagstöcken und Pistolen ab Einbruch der Dämmerung Patrouille gehen. Darunter ist eine Firma, die sich Men in Black nennt und deren Logo aus dem gleichnamigen Spielfilm stammt, in dem es um den Kampf gegen Außerirdische geht. Es kursieren E-Mails mit Mordaufrufen: »Rette dein Vaterland – töte diesen Hurensohn« lautet die Überschrift. Doch auch unter den Weißen gibt es viele, die der Meinung sind, es sei Zeit, dass sich etwas ändere. »Wir können auf Dauer nicht die Mehrheit der Bevölkerung ausschließen«, sagte mir ein Freund. »Es ist wahrscheinlich und gut, dass Evo Präsident wird.« »Aber es ist auch wahrscheinlich, dass er das nicht lange überlebt«, meint ein anderer und macht sich Sorgen, dass eine Ermordung von Evo Morales einen Flächenbrand auslösen und das Land in einen Bürgerkrieg stürzen könnte.

Unter dem Slogan »Somos pueblo, somos MAS« zog die MAS mit Evo Morales als Präsidentschaftskandidat in den Wahlkampf. Die Parole ist ein gelungenes Wortspiel, bedeutet sie doch auch »Wir sind das Volk, wir sind mehr«. Morales erinnerte die indigene Bevölkerung daran, dass sie die Mehrheit im Land stellt, und rief sie dazu auf, sich geschlossen hinter ihn zu stellen. Die zentralen Wahlversprechen waren die Nationalisierung der fossilen Brennstoffe, eine Lösung des Konfliktes um die Coca und eine Verfassungsänderung, durch die die indigene Bevölkerung endlich politisch teilhaben sollte. Wie bei jedem Urnengang in Bolivien wird auch am Wahltag des 18. Dezember 2005 der

Ausnahmezustand verhängt. Der Verkehr ruht, nicht einmal Flugzeuge dürfen verkehren, jeder soll an seinem Heimatort der Wahlpflicht nachkommen. Keiner zweifelte daran, dass die MAS gewinnen würde, nur über die deutliche Mehrheit von 54 Prozent waren dann doch einige überrascht.

Der erste indigene Präsident Lateinamerikas

Dass sich Bolivien verändern würde, das muss jedem klar geworden sein, der Bilder von der Vereidigung von Evo Morales zum ersten indigenen Präsidenten nicht nur Boliviens, sondern ganz Lateinamerikas gesehen hat. Gleichberechtigt neben der bolivianischen Fahne flatterte die Whipala, die Regenbogenflagge der indigenen Bevölkerung, die seither zweite Nationalfahne ist. Vor seiner Antrittsrede rief er zu einer Schweigeminute für die »Märtyrer der Befreiung« auf, für Túpac Katari und andere frühe Freiheitskämpfer, für Che Guevara und getötete Cocabauern. Er begann seine Ansprache mit der Ankündigung, den Kampf der gefallenen Helden zu Ende zu führen.

Für die verarmte Urbevölkerung ist Evo Morales ein Hoffnungsträger. Zum ersten Mal fühlte sich die Mehrheit des Landes überhaupt von der Regierung vertreten. »Dass ein Gewerkschafter, ein Landarbeiter, ein Indigener wie wir Präsident wird, ohne ein großer Intellektueller zu sein, ist großartig! Wir sind sehr stolz darauf!«, erklärte mir beispielsweise Lydia Robles, Sprecherin der Arbeiter in einer Nudelfabrik in Cochabamba. »Er kommt aus einer sehr armen Familie und vergisst seine Wurzeln nicht, das ist für uns sehr wichtig.« Von den vorherigen Regierungen hat sie sich ausgebeutet oder bestenfalls ignoriert gefühlt. »Wir haben viel Vertrauen in große Intellektuelle gehabt, darauf, dass sie unser Land voranbringen. Aber sie haben uns bestohlen und betrogen und unsere Bodenschätze verkauft. Mit dieser neuen Regierung versuchen wir, unser Rechte zurückzubekommen.« Als ich Lydia Robles traf, war Evo Morales seit ziemlich genau einem Jahr im Amt. An ihrer persönlichen Situation hatte sich in dieser Zeit nichts geändert. Wer vorher arm gewesen war, war es auch ein Jahr später noch. Zu diesem Zeitpunkt ging es für die indigene Bevölkerung noch nicht um tatsächliche Veränderungen, sondern darum, dass ihre Bedürfnisse von der Regierung ernst genommen und anerkannt wurden. Und es ging darum, erstmals überhaupt an politischen Entscheidungen teilzuhaben und etwas zu sagen zu haben. Euphorie und Aufbruch – das war die Atmosphäre, die überall im Hochland spürbar war, nicht nur bei den Indigenen, sondern durchaus auch bei vielen Angehörigen der mittleren Oberschicht.

Protest im Halbmond

Im Tiefland hingegen war die Stimmung düster. In Santa Cruz herrschte im Winter 2006 fast schon Ausnahmezustand. Ständig gab es Demonstrationen, bei denen Zigtausende auf den Beinen waren und die halbe Stadt lahmlegten. Weiß-grüne Fahnen schwingend riefen die *cruceños,* die Bewohner von Santa Cruz, nach der Unabhängigkeit ihrer Region. »Que viva la autonomía« schallte es in Sprechchören durch die Straßen. Sie hielten Schilder in die Höhe, auf denen »Nero, Hitler und jetzt Evo Morales« zu lesen war, und trugen T-Shirts, auf denen sie dem Präsidenten den Stinkefinger zeigten. Die da protestierten waren Angehörige der weißen Mittel- und Oberschicht, während Indigene aus dem Hochland dem Spektakel zusahen. Verkehrte Welt, zumindest für bolivianische Verhältnisse.

Wenn man vom Hochland Boliviens nach Santa Cruz kommt, hat man den Eindruck, in ein anderes Land zu reisen: Hier in der mit über 1,5 Millionen Einwohnern größten Stadt Boliviens geht alles schneller, das Leben ist besser organisiert, und der Reichtum der Stadt fällt sofort auf: Straßen, Autos und Häuser sind in deutlich besserem Zustand als sonst wo im Land, selbst die

Hütten der Armen scheinen weniger elend. Vieles erinnert an Argentinien, kein Wunder, der Landstrich wurde vom Atlantik aus von europäischen Auswanderern besiedelt, und bis heute leben hier deutlich mehr Weiße und Mestizen als sonst wo in Bolivien. Ihren relativen Wohlstand verdanken die Stadt und das Departamento Santa Cruz vor allem den Bodenschätzen und der Landwirtschaft, jüngst vor allem dem Sojaanbau. Ähnlich ist es in Tarija, Pando und Beni. Schaut man sich die Regionen auf der Landkarte an, ergeben die vier Departamentos mit viel Phantasie einen Halbmond, weshalb sie sich auch als *media luna* bezeichnen. Diese Region ist zwar nur dünn besiedelt, doch sie finanziert den größten Teil des bolivianischen Staatshaushaltes, denn hier lagern die Bodenschätze des Landes.

Doch aus deren Erlös bleibt nach Ansicht der Bewohner des *media luna* viel zu wenig in der Region, seit Evo Morales Präsident ist. Überhaupt betreibe er Klientelpolitik. »Er verhält sich wie ein Gewerkschafter, nicht wie der Präsident einer Republik. Er kümmert sich nur um seine Leute, um die Indigenen im Hochland, weil er selber von dort kommt. Er ist wie ein Diktator. Er macht Gesetze, die den Menschen im Hochland nutzen, und wir in Santa Cruz sollen dafür zahlen. Aber wir werden uns dagegen wehren«, sagte mir einer der Demonstranten, während die Umstehenden zustimmend nickten. Der Ruf nach Unabhängigkeit wurde zwischenzeitlich so laut, dass es eine Weile tatsächlich so aussah, als könnte Bolivien auseinanderbrechen.

Inzwischen haben sich die Wogen geglättet, und das hängt vor allem damit zusammen, dass sich die Zusammensetzung der Bevölkerung des Halbmonds verändert hat. »Bald verlangen wir ein Visum, wenn jemand aus dem Hochland kommt«, hieß es 2006 halb scherzhaft, halb ernst in Santa Cruz. »Hätten wir das doch nur getan«, mögen sich heute viele alteingesessene *cruceños* sagen. Denn kurz nach der Wahl begann eine Wanderungsbewegung indigener Bewohner aus den Anden ins Tiefland, die sich dort dauerhaft niederließen. »Evos Kolonnen« wurden sie genannt. Machten sie sich von sich aus auf den Weg, um in den Tropen ein besseres Auskommen zu finden? Oder war diese Binnenmigration organisiert und gewollt? Beides wird behauptet, was stimmt, ist schwer zu sagen. In jedem Fall haben die Zugezogenen die Mehrheitsverhältnisse im *media luna* nachhaltig verändert. Die Region ist nicht mehr die Hochburg der Opposition, auch hier wählt inzwischen die Mehrheit Evo Morales.

Bolivianische Sonderwege

Entkolonialisierung im plurinationalen Staat

Wer sich mit Bolivianern unterhält, die aus der Gegend um den Titicacasee kommen, ist womöglich verwirrt, denn wenn sie von der Zukunft reden, zeigen sie oft mit dem Daumen nach hinten. Geht es hingegen um etwas Vergangenes, deuten sie nach vorn, die Zukunft liegt hinten. Bei genauerer Betrachtung ist das schlüssig, schließlich hat man das Vergangene bereits gesehen und damit im Blick. Die Zukunft hingegen ist ungewiss, etwas, das verborgen ist – beispielsweise hinter dem Rücken. Auch sonst spielt die Vergangenheit in der Weltanschauung der Quechua und Aymara eine große Rolle: Alles, was kommen wird, trägt etwas aus der Vergangenheit in sich, weshalb etwas Neues immer auf etwas Bewährtem aufbaut. Das mögen auf den ersten Blick abstrakte Überlegungen sein, doch sie erklären ein wenig den Hintergrund von Boliviens neuer Verfassung und die daraus folgenden Änderungen von Gesetzen.

Schon lange bevor Evo Morales zum Präsidenten gewählt worden war, gab es die Forderung, endlich eine neue Verfassung zu schreiben, in der die Indigenen als gleichberechtigt anerkannt werden. Morales' Vorgänger verschoben das Unterfangen ein ums andere Mal mit dem Hinweis, dass es dringender sei, die wirtschaftlichen Schwierigkeiten zu lösen. Doch für Evo Morales, der sich nicht weniger auf die Fahnen geschrieben hatte, als Bolivien neu zu gründen, hatte die neue Verfassung hohe Priorität, und er krempelte das Land damit zumindest auf dem Papier kräftig um. 2009 wurde sie durch ein Referendum mit 61 Prozent der Stimmen angenommen, wobei die Zustimmung hauptsächlich aus dem Hochland kam, im *media luna* wurde sie abgelehnt.

Das wichtigste Element der neuen Verfassung ist die Entkolonialisierung, für die es sogar ein eigenes Unterministerium gibt und die überall als Leitgedanke durchschimmert. Das beginnt damit, dass der Staat qua Definition nun plurinational ist. Damit wird ein anderes Konzept von Nation vorgeschlagen, nämlich ein Staat, in dem ausdrücklich eine Vielzahl von Nationalitäten, beziehungsweise Volksgruppen mit ihrer jeweils eigenen Sprache und Kultur zusammen leben. Zu wahren sind in diesem Konstrukt nicht nur die Rechte des Einzelnen, sondern auch die Rechte der verschiedenen Ethnien. Alle 36 Völker werden in ihrer kulturellen, historischen und traditionellen Eigenart und ihrer Sprache anerkannt, keine Ethnie soll diskriminiert werden. Um die insgesamt 36 indigenen Gruppen zu repräsentieren, weht nun neben der bolivianischen Flagge gleichberechtigt die Wiphala, ein Mosaik in allen Farben des Regenbogens. Wer in dieser Aufzählung allerdings fehlt, sind die Mestizen und die Nachfahren der Europäer, lediglich deren Sprache, Spanisch, ist in der Verfassung festgelegt.

Plurinationalität bedeutet in der Praxis, dass in den Grundschulen neben Spanisch auch in den indigenen Sprachen unterrichtet wird und zunehmend auch die Verwendung indigener Sprachen in den weiterführenden Schulen Pflicht werden soll. Galt früher bei der Vergabe von öffentlichen Ämtern die Maxime, dass jeder Beamte Spanisch in Wort und Schrift beherrschen musste, muss jeder Bewerber jetzt wenigstens zwei der 37 in der Verfassung festgelegten Sprachen sprechen können. Wo früher Indigene, deren Muttersprache nicht Spanisch war, benachteiligt wurden, haben heute Mestizen und Weiße das Nachsehen. Überhaupt fällt bei genauer Betrachtung der Verfassung auf, dass nur die verschiedenen indigenen Völker sowie die sehr kleine Minderheit von Afrobolivianern, Nachfahren von Sklaven, erwähnt werden. Der ganze Rest, nämlich Mestizen und Weiße, die immerhin mehr als ein Drittel der Bevölkerung ausmachen, wird auf »interkulturelle

Gemeinschaften« reduziert und weiter nicht erwähnt. Das passt eigentlich nicht mit dem Diskriminierungsverbot zusammen, auf das mit einem Schild in jeder öffentlichen Einrichtung hingewiesen wird. Tatsächlich ist in der städtischen Bevölkerung immer wieder von einer umgekehrter Diskriminierung die Rede – was von Indigenen gern mit dem Hinweis darauf, dass man sich nicht so anstellen solle, es sei ja lange genug anders herum gewesen, abgetan wird.

Auch andere Rahmenbedingungen haben sich geändert. So etwa die Vorschrift, dass Polizisten mindestens 1,75 Meter groß sein mussten, eine Größe, die nur wenige Indigene erreichen, weshalb der Polizeidienst vor Evo Morales fest in der Hand der Mestizen war. Das kam der hauptsächlich aus Weißen bestehenden Regierung sehr entgegen, die darauf bauen konnte, dass Polizisten ohne indigenen Hintergrund ihre Interessen verteidigen und bei Spannungen weniger in Gewissenskonflikt geraten würden. Und schließlich sollten Quoten für die Besetzung von Beamtenposten und öffentlichen Funktionen eingeführt werden, um die Ämter gerecht unter den Angehörigen der verschiedenen Völker zu verteilen.

Das Prinzip, Ämter nach ethnischen Gesichtspunkten zu vergeben, wurde und wird auch bei der Zusammensetzung des Kabinetts überdeutlich. Entscheidend ist oft weniger die Qualifikation als die Herkunft. Das ist in einem Land, in dem über Jahrhunderte eine Oligarchie herrschte, nicht wirklich neu, doch jetzt findet das unter umgekehrten Vorzeichen statt. Im ersten Kabinett von Evo Morales bekleidete beispielsweise ein einstiger Bergarbeiter das Amt des Ministers für Bergbau, eine Cocaproduzentin war Ministerin für wirtschaftliche Entwicklung, und eine ehemalige Hausangestellte, die sich früher für ein Gesetz zum Schutz von Hausmädchen eingesetzt hatte, bekam den Posten der Justizministerin. Letztere habe ich Jahre später einmal kennengelernt.

Casimira Rodríguez Romero ist eine reizende Dame mit bis über den Po reichenden schwarzen Zöpfen, die sich heute auf lokaler Ebene für die Verbesserung der Situation von Familien einsetzt. Wenn sie mit ihrer sanften Stimme sorgsam die einzelnen Worte abwägt und wieder einschränkt, dann wirkt es so gar nicht, als ob sie aus dem harten Holz geschnitzt sei, das man im Politikbetrieb braucht. Als eine der Ersten schmiss sie das Handtuch und stellte nach einem Jahr ihr Amt zur Verfügung, weil sie der Aufgabe einfach nicht gewachsen war.

Auch den ersten Tourismusminister traf ich einmal, und zwar auf der Internationalen Tourismusbörse in Berlin. Das war Anfang März 2006, die neue Regierung war erst wenige Wochen im Amt, und der Minister war das erste Mitglied der Regierung von Evo Morales, das nach Deutschland kam. Botschafter diverser in Berlin vertretener Länder kamen, in korrekt sitzende Anzüge gekleidet, für eine erste Kontaktaufnahme an den Stand von Bolivien und verschwanden durch die Sperrholztür, hinter der sich der Minister verschanzt hatte. Als ich ihn endlich selbst kurz treffen konnte, saß ich einem erschöpft wirkenden Mann im Wollpullover mit vielen sichtbaren Goldzähnen im Mund gegenüber, der nur wenig Spanisch und kein Englisch sprach und nicht wusste, worüber er mit mir, die ich als Autorin eines Reiseführers über Bolivien zur ITB gekommen war, sprechen sollte. Er pries weder die Schönheit noch die Gastfreundschaft seines Landes an, sagte auch nicht, dass er sich über das Interesse von Reisenden freue, sondern schien einfach nur froh zu sein, als ich bald wieder ging. Lange dürfte er nicht im Amt gewesen sein, ich habe nie wieder von ihm gehört oder gelesen.

Auch sonst ist die Personalpolitik von Evo Morales nicht besonders erfolgreich. Reihenweise geben Minister ihre Posten wegen Überforderung auf, im Laufe der Jahre gab es deutlich über hundert Wechsel im Kabinett. Abgesehen vom Präsidenten Evo Morales und dessen Vize Álvaro García Linera konnte sich kaum jemand lange halten. Das hat auch zur Folge, dass es an versiertem, glaubwürdigem Nachwuchs fehlt, der irgendwann in die Fußstapfen des Führungsduos treten könnte. Aber womöglich ist das so gewollt. Das sagen zumindest Kritiker des Präsidenten, die ihm diktatorische Züge vorwerfen.

Die Entkolonialisierung spiegelt sich in diversen Artikeln und in deren Folge umgeschriebenen Gesetzen und Verordnungen. Da wird beispielsweise die indianische Kosmogonie der katholischen Religion gleichgesetzt. Der Uhrzeigersinn in Regierungsgebäuden geändert. Über einen Ersatz für den gregorianischen Kalender nachgedacht. Was immer aus dem Westen kommt, wird in Frage gestellt.

Dazu gehört auch das Rechtssystem. Gleichberechtigt neben diesem gilt nun parallel die indigene Rechtsprechung für die Angehörigen einer Volksgruppe nach den jeweiligen Sitten und Traditionen. Also 36 verschiedene Vorstellungen von Rechtsprechung, die gleichrangig betrachtet werden. Solche Dorfräte existieren seit jeher, und mit ihrer Hilfe können auf dem Land, wo es ohnehin keine staatliche Justiz gibt, mehr als zwei Drittel aller Streitfälle geklärt werden. Dorfräte entscheiden schnell und ohne dass dabei Kosten verursacht werden. Nur offiziell anerkannt war diese indigene Justiz vor Inkrafttreten der neuen Verfassung nicht. Nachdem sich das änderte, änderten sich mancherorts auch die Strafen. Einige von indigenen Räten verhängte Urteile widersprechen den Menschenrechten, körperliche Züchtigung gehört dazu und auch das Verbrennen oder Hängen von Dieben. Als Warnung sieht man in El Alto mitunter aufgeknüpfte Puppen vor Häusern hängen, und obwohl es in Bolivien eigentlich keine Todesstrafe gibt, sind mehrere Fälle dokumentiert, in denen Diebe unter Berufung auf die indigene Justiz von einem wütenden Mob getötet wurden.

Um solche Fälle zu verhindern, wurde das »Gesetz zur Abgrenzung der Justizbereiche« nachgeschoben, das unter anderem die Todesstrafe ausschließt. Ein weiterer Kritikpunkt war das Fehlen von rechtstaatlichen Prinzipien. Wie unabhängig entscheidet ein Dorfratsvorsitzender, wenn es um seinen Neffen geht? Wie sieht es mit Ermittlungstechniken und Berufungen aus? Andererseits ist ohnehin fraglich, wie viel Rechtstaatlichkeit es in einem von Korruption gebeutelten Land gibt. Das Ausführungsgesetz regelt nun auch die Zuständigkeiten besser. Heute hört man nichts mehr von Lynchjustiz, das Nebeneinander von indigenem und klassischem Rechtssystem scheint tatsächlich zu funktionieren.

Von Anfang an weniger problematisch sind die interkulturellen Gesundheitsfachkräfte. Wie in vielen Entwicklungsländern gibt es auch in Bolivien auf den Dörfern Gesundheitsposten, in denen keine approbierten Ärzte arbeiten, sondern die mit Personal besetzt sind, das nur eine medizinische Grundausbildung hat. Die reicht, um die häufigsten Krankheiten diagnostizieren und behandeln und so eine Basisversorgung sicherstellen zu können. In Bolivien sind diese medizinischen Fachkräfte angehalten, interkulturell zu arbeiten. Was das heißt, wollte ich von Yola Vargas Cocarico, die am Titicacasee stationiert ist, wissen. »Es bedeutet, dass ich mich regelmäßig mit traditionellen Heilern darüber beraten soll, wie sie bestimmte Krankheiten behandeln oder was sie an natürlicher Medizin kennen. Eben ein kultureller Austausch in Gesundheitsfragen.« Als ich sie fragend anschaute, fügte sie hinzu: »So ist das in unserem neuen Bolivien« und ließ dabei nicht erkennen, ob sie das gut oder schlecht fand. Es war einfach so.

All diese Beispiele für die Entkolonialisierung spielen sich nur in Bolivien ab und haben wenig Wirkung über die Landesgrenzen hinaus. Doch es gibt immer wieder auch Beispiele, bei denen es zu Konflikten mit der internationalen Gemeinschaft kommt, nämlich dann, wenn mit Verweis auf Entkolonialisierung und indigene Tradition Grundsätze, die über viele Jahre ausgehandelt und in Konventionen festgeschrieben wurden, über Bord geworfen werden. Ein solches Beispiel ist die Kontroverse um den Gebrauch der Cocapflanze.

Cocakekse statt Kokain

Eines der großen Wahlversprechen von Evo Morales war die Legalisierung des Cocaanbaus, und eine seiner ersten Amtshandlungen war es, die Drogenbehörde der USA aus dem Land zu werfen. Außerdem führte er einen »Nationalen Tag des Cocakauens ein«. Evo Morales betrachtet die Cocapflanze weniger als Grundstoff zur Kokainproduktion denn als Teil des nationalen Erbes, als heiliges Blatt, das seit Jahrhunderten von den Völkern der Anden genutzt wird. So steht es auch in der Verfassung, Artikel 384: »Der Staat schützt die originäre und althergebrachte Cocapflanze als Kulturerbe und als erneuerbare natürliche Ressource der Biodiversität Boliviens sowie als Faktor des sozialen Zusammenhaltes; in ihrem Ursprungszustand ist sie kein Betäubungsmittel. Ihre Wiederaufwertung, Herstellung, Vermarktung und industrielle Verarbeitung wird gesetzlich geregelt.«

Der Cocastrauch wird in den Anden schon lange kultiviert und ist aus Bolivien kaum wegzudenken. Den Inkas galt die Pflanze als heiliges, göttliches Geschenk. Cocablätter wurden damals bei religiösen Ritualen, als Glücksbringer, Grabbeigaben und bei medizinischen Behandlungen verwendet. Wo immer heute im Andenhochland althergebrachte Zeremonien stattfinden, gehört die Verwendung von Cocablättern selbstverständlich dazu. Auch im täglichen Leben hat die Coca heute noch eine große Bedeutung, denn wer Cocablätter kaut wird leistungsfähiger, und besonders die harte Arbeit auf dem Feld oder in den Minen lässt sich mit einem Cocapriem in der Backentasche besser durchhalten. Das erkannten schon die Spanier und stellten den in die Minen gezwungenen Arbeitern Cocablätter in unbegrenzter Menge zur Verfügung. Um die Wirkstoffe der Cocablätter freizusetzen, werden sie mit Kalk und Pflanzenasche gekaut. Das Gemisch entfaltet eine stimulierende und schmerzstillende Wirkung. Ein Drittel der bolivianischen Bevölkerung mindert mit Hilfe des Cocapriems im Alltag Kälteempfinden, Hunger und Durst.

Bolivien erhoffte sich von der Coca einen neuen, legalen Wirtschaftszweig. Das Blatt liefert nicht nur den Grundstoff für Kokain, sondern lässt sich ebenso zu Mehl, Tee, Zahnpasta, Shampoo, Erfrischungsgetränken oder Kaugummi verarbeiten. Auch medizinisch ist die Pflanze interessant, sie hilft bei Magenverstimmungen und gegen die Höhenkrankheit, das habe ich selbst oft genug erlebt und bestelle ohne jede Bedenken meinem kleinen Sohn einen Cocatee, wenn er mit der Höhe zu kämpfen hat. In Bolivien sind diverse Cocaprodukte schon lange und völlig legal erhältlich, doch um mit der Pflanze Devisen zu erwirtschaften, müssen sie international vermarktet werden können. Das Cocablatt steht allerdings auf der Suchtstoffliste der Vereinten Nationen. Mit der groß angelegten Kampagne »Coca ja, Kokain nein« warb Bolivien für die weltweite Legalisierung der Pflanze. Tatsächlich ist die Coca als solche nicht gefährlich. Eine Studie der Weltgesundheitsorganisation aus dem Jahr 1995 kommt zu dem Ergebnis, dass gesundheitliche Schäden durch den Genuss von Cocablättern nicht nachzuweisen seien. »Das Cocablatt ist kein Suchtmittel. Nur ein Prozent des Blattes kann mit hohem Einsatz von Chemikalien zu Kokain verarbeitet werden. Wissenschaftlich gesehen sind Coca und Kokain zwei völlig unterschiedliche Dinge«, stellte Maricarmen de Saavedra, die an der Humboldt-Universität in Berlin über alternativen Anbau in Lateinamerika forscht, fest.

Doch der Versuch, die Coca international zu entkriminalisieren, scheiterte. Nicht nur die USA, die seit Jahrzehnten in Bolivien und anderen Andenstaaten einen regelrechten Krieg gegen den Cocaanbau führen, waren und sind strikt gegen eine Legalisierung. Auch der Internationale Suchtstoffkontrollrat (INCB) verschließt sich den Argumenten, die für eine Freigabe sprechen könnten. Er befürchtet einen Dammbruch und zeigte sich in einem 2006 veröffentlichten Bericht besorgt: »Die nationale Legalisierung der Coca in Bolivien widerspricht dem internationalen Abkommen, und der angestrebte Export von Cocaprodukten verletzt internationales Recht.« Das focht Bolivien nicht an, das Land erhöhte 2011 die Fläche für den legalen Anbau zum traditionellen Cocagebrauch von 12 000 Hektar auf 20 000 Hektar und trat aus der Betäubungsmittelkonvention der Vereinten Nationen von 1961 aus. Zwei Jahre später erkannten die UN immerhin die traditionelle Cocanutzung in Bolivien an und ließen eine Ausnahme der Konvention zu, die ansonsten jeglichen Cocakonsum verbietet. Im Gegenzug wurde zugesichert, intensiv gegen den Kokainschmuggel vorzugehen. Mit diesem Kompromiss trat Bolivien der Konvention wieder bei.

Offiziell scheint dieser Kompromiss einigermaßen zu funktionieren. Morales gegenüber kritisch eingestellte Bolivianer behaupten zwar immer wieder, es werde so viel Coca angebaut wie nie zuvor, doch laut UN, die mit Hilfe von Satelliten den Anbau beobachtet, wurden die Cocafelder auf rund 20 000 Hektar begrenzt. Das sei allerdings immer noch weit mehr, als für den traditionellen Konsum gebraucht werde, rund 60 Prozent der Ernte gingen illegal in die Drogenproduktion und den Export, so die UN. Der dürfte schätzungsweise rund drei Prozent des Bruttoinlandsproduktes ausmachen und hat damit durchaus eine gewisse Bedeutung für die Wirtschaft Boliviens. Die Kokainproduktion scheint dabei nicht mehr ausschließlich von den Kartellen betrieben zu werden, sondern zunehmend auch von kleinen Familienunternehmen. Zwei Soziologen fiel auf, dass in den vergangenen Jahren in El Alto die Nachfrage nach Waschmaschinen überdurchschnittlich stark zugenommen hat und gleichzeitig die Zahl kaputter Maschinen gestiegen ist. Ihre Studie ergab, dass immer mehr Bewohner von El Alto sich auf die Kleinproduktion verlegen, indem sie Cocablätter und Chemikalien mit Hilfe der Waschtrommeln vermengen und so die Kokainpaste herstellen – eine Prozedur, die die Maschinen nicht gut vertragen, was wiederum den erhöhten Bedarf daran erklärt.

Was den aktiven Kampf der Regierung gegen das Kokain angeht, ist von außen schwer zu sagen, wie ernsthaft der betrieben wird. Die erwähnten Kontrollpunkte an der Straße in den Chapare-Gebieten gibt es zwar noch, aber die dort Stationierten winken den Verkehr einfach nur durch. Andererseits wird regelmäßig tonnenweise Kokain beschlagnahmt. Und ich habe selbst am eigenen Leib erfahren, dass bei internationalen Flügen ernsthaft kontrolliert wird. Wir saßen schon in unserem Flugzeug nach São Paulo, als noch einmal die Türen geöffnet und ich hinausgerufen wurde. Eine gefühlte Ewigkeit lang musste ich in einem Verschlag warten, bis ich schließlich zu unseren Koffern geführt wurde. »Sind das Ihre?«, fragte mich eine ebenso ernst wie entschlossen dreinblickende Beamtin in olivgrüner Uniform. Ich bejahte. Wo ich gewesen sei? Wen ich getroffen habe? In welchem Hotel ich gewohnt habe? Unglücklicherweise hieß eines davon »La posada de la abuela« – »Die Herberge der Großmutter«. Wessen Großmutter? Während ich das Missverständnis aufklärte, wurde mein Koffer minutiös kontrolliert. Die Beamtin interessierte sich nicht für die Lamaföten, die unser Sohn als Anschauungsobjekte für seine Freunde gekauft hatte und bei denen ich mir plötzlich nicht mehr sicher war, ob sie ausgeführt werden dürften. Auch der Cocatee, der bei den deutschen Kollegen für einige Aufregung gesorgt hätte, war ihr egal. Sie suchte gezielt – offensichtlich waren die Koffer durchleuchtet worden, und etwas war aufgefallen. Schließlich zog die Beamtin mit triumphierendem Blick ein unförmiges, in Plastik verpacktes Paket mit weißem Inhalt hervor. Was das sei? »Salz vom Salar de Uyuni, ein Geschenk meines Sohnes für seine Oma«, antwortete ich. Sie stach einmal mit einem Metallstäbchen hinein und roch an den weißen Kristallen. Dann verdrehte sie die Augen, und ich sah förmlich, wie sie »diese blöden Touristen« dachte. Sichtlich genervt und auch etwas enttäuscht ließ sie mich die Koffer verschließen und wieder in das seit einer Dreiviertelstunde wartende Flugzeug steigen, wo mein Mann, der keine Ahnung hatte, worum es gegangen war, unterdessen überlegt hatte, wie er am besten die Deutsche Botschaft erreichen könnte.

Der Kampf gegen das Kokain ist ein ziemlicher Drahtseilakt, die Cocabauern sind die Basis der Regierung, die ihr Versprechen, das Blatt im großen Stil legal vermarkten zu können, nicht einhalten konnte. Weil die 20 000 Hektar zu wenig sind, um allen 60 000 Familien, die in Bolivien vom Cocaanbau leben, ein Auskommen zu verschaffen, kommt es immer wieder zu Protesten. Deshalb erweiterte die Regierung 2017 die erlaubte Anbaufläche nochmal um 2000 Hektar und genehmigte damit Felder, die bislang verbotenerweise bestellt worden waren. Gleichzeitig begann die Regierung erstmals damit, gegen die nach allen Maßstäben illegalen Cocafelder in den Naturschutzgebieten vorzugehen.

Die Konflikte sind vorauszusehen. Die Cocabauern von Colomi, von deren *bloqueo* ich am Anfang des Buches schreibe, machten jedenfalls nicht den Eindruck, als würden sie klein beigeben. Sie verlangen eine zusätzliche Erweiterung der Anbauquote, um legal Coca anpflanzen zu dürfen. Doch solange der Plan, Cocakekse zu exportieren, an der Suchtstoffliste der Vereinten Nationen scheitert und es keine plausible Erklärung dafür gibt, wo die jährlich rund 40 000 Tonnen Cocablätter legal ableiben, kann alles, was die Regierung in Sachen Coca entscheidet, nur falsch sein, entweder für die Cocabauern oder für die internationale Gemeinschaft.

Die Legalisierung der Kinderarbeit

Joselin und ihre Freundin Noelia haben gerade das kleine Vitrinenfenster auf dem Zentralfriedhof von Cochabamba blitzeblank gewienert und frische Blumen in die Vase gestellt. Zum Schluss singen sie noch ein Kirchenlied für die Verstorbene, die hinten in der kleinen Sargkammer ruht. Die Tote, die da liegt, ist nicht etwa ihre Oma oder ihre Tante, sondern die Mutter eines Kunden, der sie beauftragt hat, sich um die Grabstelle zu kümmern. Die Kinder arbeiten auf dem Friedhof.

»Ich poliere, gieße und bete. Das dauert so 15 bis 20 Minuten«, beschreibt Joselin ihre Arbeit. »Für das Polieren verlange ich 10 Bolivianos [circa 1,20 Euro], die Bezahlung für das Gießen und Beten ist freiwillig.« Joselin ist zwölf Jahre alt und geht in die 6. Klasse. Sie ist klein und schmal, und wer ihr Alter nicht kennt, würde sie auf etwa neun schätzen. Ihre langen schwarzen Haare sind zu einem Pferdeschwanz gebunden, und sie trägt Jeans und T-Shirt. Jedes Wochenende kommt Joselin so wie viele andere Kinder auf den Friedhof und bietet ihre Dienste an. »An den Sonntagen kann man besonders viel verdienen, wenn es gut läuft bis zu 90 Bolivianos.« Diese elf Euro sind für Joselin ein Menge Geld. Sie sind für sie und ihre Familie überlebenswichtig. »Zu Hause gebe ich dann die eine Hälfte des Geldes meiner Mutter, und die andere Hälfte ist für mich, für die Dinge, die ich halt so brauche. Meine Schulsachen und mein Pausenessen.« Für diese essenziellen Dinge bekommt Joselin von ihrer Mutter kein Geld, sondern sie muss sich selbst darum kümmern. Und das schon lange.

Als Joselin anfing auf dem Friedhof zu arbeiten, war sie acht Jahre alt. Damals begleitete sie ihre ältere Schwester, die zuvor ebenfalls mit acht Jahren angefangen hatte Geld zu verdienen. So wie alle Kinder von Doña Silvia Chura. »Seit sie sieben oder acht Jahre alt sind, arbeiten meine Kinder. Früher sind sie jeden Tag arbeiten gegangen, jetzt nur noch samstags und sonntags. Mit ihrer Arbeit helfen sie mir sehr, denn ich habe oft kein Geld, um Brot zu kaufen. Und für ihren Pausensnack erst recht nicht. Ihr Vater gibt mir einfach nicht genug.«

Doña Silvia Chura hat ihr Strickzeug sinken lassen und sieht eine Telenovela, in der eine bildschöne Frau in einem Marmorpalast um die Liebe kämpft. Die neunfache Mutter ist Anfang 40, wirkt aber deutlich älter. Gelegentlich arbeitet sie als Wäscherin. Die insgesamt zwölfköpfige Familie lebt in einer roh gemauerten Hütte in einer der Elendssiedlungen, die sich den steinigen, kahlen Berg am Rande von Cochabamba hinaufziehen. Das Dach ist undicht, und der einzige, vielleicht 20 Quadratmeter große Raum wird von einer Rinne durchschnitten, die das Wasser gegraben hat, das bei Regen mitten durch das Zimmer läuft. Die Einrichtung besteht im Wesentlichen aus zwei Betten, auf denen dünne Wolldecken liegen. Doña Silvia spricht schleppend und hat Mühe, die Worte zu finden. Jahrelanger Alkoholmissbrauch, sagt mir der Sozialarbeiter, der mich begleitet, später. »Meine Tochter arbeitet sehr gut und hilft mir damit. Vor ein paar Tagen hatte ich überhaupt kein Geld mehr, und sie hat mir 80 Bolivianos gegeben. Ich habe davon Kartoffeln gekauft. Die waren ja auch mit für sie.« Es sind ihre Kinder, die die Familie über Wasser halten. Gerade kocht Joselins ältere Schwester, 16 Jahre alt, ihr Kind auf den Hüften, auf einem offenen Feuer Nudelsuppe für alle. Die Hühnerfüße, die darin schwimmen, konnte sie nur kaufen weil Joselin mitarbeitet.

Allein in Cochabamba mit seinen 600 000 Einwohnern gibt es zwischen 16 000 und 20 000 Kinder, die wie Joselin zum Familieneinkommen beitragen müssen. Bolivienweit dürften es 800 000 sein, die auf den Plazas Passanten die Schuhe putzen, Kaugummis verkaufen, an den Ampeln Autoscheiben wischen oder in den Bussen die Haltestellen ausrufen. Wenn es gut läuft. Wenn es schlecht läuft, arbeiten sie als Hausangestellte oder schuften in den Minen. Es ist an sich nichts Ungewöhnliches, dass Kinder arbeiten müssen, in allen Entwicklungsländern gehört das zur Realität. Zu einer eigentlich verbotenen Realität, denn Kinderarbeit ist weltweit geächtet und illegal. Außer in Bolivien. Und das hat auch mit Joselin zu tun.

Als ich sie 2012 treffe, ist sie die Vorsitzende des 350 Mitglieder zählenden Ortsverbandes der Kindergewerkschaft UNATSBO, das steht für Union de Niños y Adolescentes Trabajadores de Bolivia, zu Deutsch Vereinigung der arbeitenden Kinder und Jugendlichen Boliviens. Joselins Problem ist nicht, dass sie arbeiten muss – das ist in ihrer Welt völlig normal. Doch was sie wütend macht, ist, dass sie als arbeitendes Kind keine Rechte hat. Das bekommt sie bei ihrem Job auf dem Friedhof immer wieder zu spüren. »Manche Leute beleidigen uns. Es kommt auch vor, dass uns die Leute schlagen. Oder sie geben uns etwas zu arbeiten, und dann wollen sie nachher nicht bezahlen, oder sie bezahlen weniger als ausgemacht war«, erklärt Joselin. »Es kommt vor, dass wir ausgeraubt werden, mir ist das schon mal passiert. Oder dass die Mädchen missbraucht werden, wenn sie allein sind. Deswegen arbeiten wir immer zu zweit.« Ob sie nicht zur Polizei gehen könnte? Joselin lacht einmal bitter auf. »Die sagen uns doch bloß, dass wir gar nicht arbeiten dürfen und uns deshalb auch nicht beschweren können, wenn wir bei der Arbeit schlecht behandelt werden oder sonst was geschieht.« Der Rechtsanwalt Adrian

Piejko Patino fasste die Situation ähnlich zusammen: »Wenn die Kinder nicht als arbeitend anerkannt werden und nicht arbeiten dürfen, dann ist alles, was sie tun, illegal. So wird die Realität, die nun mal in Bolivien und ganz Lateinamerika existiert, illegalisiert, und sie haben keine Möglichkeit, ihre Rechte einzufordern. Das Arbeitsministerium ist genauso wenig für sie zuständig wie der Kinderschutz.«

Deshalb stellte Joselin zusammen mit den übrigen Mitgliedern der UNATSBO eine ungeheuerliche Forderung auf. »Die Regierung sagt, nur Jugendliche, die 14 oder älter sind, dürfen arbeiten. Aber die meisten, die auf dem Friedhof arbeiten, sind viel jünger. Deshalb verlangen wir, dass Kinder schon ab zwölf Jahren arbeiten dürfen.« Abgeordnete der verschiedenen Kinder- und Jugendkomitees arbeiteten gemeinsam eine Gesetzesvorlage aus. Die Senkung des Arbeitseintrittsalters war darin der wichtigste Punkt – aber lange nicht der einzige. Zu den Forderungen gehörten unter anderem auch eine Basiskrankenversicherung, der Zugang zu Bildung, Arbeitssicherheit und die Forderung nach Anerkennung und Wertschätzung ihrer Arbeit von der Gesellschaft. Unterstützt wurden sie dabei von Adrian Piejko Patino: »Ich war sehr überrascht, wie dezidiert die Kinder und Jugendlichen das alles darlegen konnten. Das hängt vielleicht auch mit ihren Lebensumständen zusammen, damit, dass sie seit sie klein sind nebeneinander die Schule, Arbeit und die Mithilfe zu Hause meistern müssen. Der Entwurf enthielt eine ganze Reihe sehr wichtiger Elemente.« Die Kinder und Jugendlichen forderten in ihrer Gesetzesvorlage nicht nur Rechte ein, sondern formulierten auch, welche Arbeit für Kinder geeignet und angemessen sei und wo Kinder auf keinen Fall arbeiten dürften. Dazu gehören Minen, Zuckerrohrplantagen, gefährliche und schwere Maschinen oder die Prostitution. Auch jede Art von ausbeuterischer Arbeit sollte für Kinder verboten sein.

Mit diesem Gesetzentwurf sprach eine Abordnung der Kinder bei Evo Morales vor. Noch bevor der darüber entschied, brach ein weltweiter Sturm der Entrüstung aus. Es sei ein Tabubruch, Kinderarbeit zu legalisieren, auch dann, wenn dafür die Einschränkungen gelten, die die Abgeordneten von UNATSBO vorschlugen. Einer der heftigsten Kritiker des Vorstoßes aus Deutschland ist der Entwicklungshelfer Benjamin Pütter, der damals für Misereor arbeitete, der seit vielen Jahren gegen ausbeuterische Kinderarbeit kämpft und dabei hilft, Kinder aus Schuldknechtschaft zu befreien. »Eine offizielle Senkung des Arbeitseintrittsalters in Bolivien könnte zur Konsequenz haben, dass bei der ILO, der Internationalen Arbeitsorganisation in Genf, wo wir hart mit weltweiten Kampagnen für ein Verbot von Kinderarbeit gekämpft haben, dieses wieder aufgeweicht wird und dass dann die Kinderarbeit wieder heftig zunimmt.« Erst 1999 wurde in den Kinderrechtskonventionen festgeschrieben, dass kein Kind unter 13 Jahren arbeiten sollte. Benjamin Pütter fürchtete, dass eine Gesetzesänderung in Bolivien einen weltweiten Dammbruch auslösen könnte. »Weil dann sofort Länder wie Indien, Pakistan, Bangladesch alle sofort sagen, ›jetzt können wir das aufweichen, denn es gibt ja ein Sowohl-als-auch‹. Und sobald es das gibt, sind sie sogar rechtlich auf der richtigen Seite. Wir müssen sie wenigstens rechtlich auf der falschen Seite haben, damit wir versuchen können, die Wirklichkeit zu verändern.« Deshalb sei Kinderarbeit in jeder Form abzulehnen. »Nur mit der maximalen Forderung, nämlich, dass alle Kinder in die Schule und nicht nebenher noch arbeiten gehen, können wir wenigstens die schlimmsten Formen verhindern, ausbeuterische, gesundheitsschädigende Arbeit von Kindern, die nicht in die Schule gehen dürfen.«

Doch diese Argumente verhallten bei der bolivianischen Regierung ungehört. Evo Morales halt selbst bereits als Vierjähriger beim Schafehüten geholfen und im Grundschulalter Eis auf der Straße verkauft, um seine Familie zu unterstützen. Es war deshalb wenig überraschend, dass er die Abordnung der UNATSBO nicht nur wohlwollend empfing, sondern auch deren Gesetzesentwurf in weiten Teilen annahm, ja, er ging sogar noch über die Forderungen der Kinder und Jugendlichen hinaus: Seit 2014 ist es in Bolivien Kindern ab zehn Jahren erlaubt zu arbeiten, vorausgesetzt, dass sie gleichzeitig zur Schule gehen und, sofern sie angestellt sind, was ab zwölf Jahren möglich ist, den Mindestlohn von derzeit 2060 Bolivianos monatlich erhalten (circa 265 Euro). Evo Morales sah die Legalisierung der Kinderarbeit auch als Teil der Entkolonialisierung; dass Kinder arbeiten, gehöre zur indigenen Tradition, man befreie sich damit auch von einer Bevormundung durch den Westen. Außerdem mache die Arbeit die Kinder stark und unabhängig. Etwas ganz Ähnliches hatte mir schon Joselin gesagt: »Es macht doch Spaß, sein eigenes Geld zu verdienen! Wenn wir Geld von unseren Eltern bekämen, dann würden wir sie immer um Neues bitten müssen, wenn wir es ausgegeben haben. So sind wir selbständig, weil wir unser eigenes Geld haben.«

Entwicklung unter Evo Morales

»Der Staat holt sich den Besitz und die absolute Kontrolle über seine Rohstoffe zurück« – so steht es in der Präambel des Regierungserlasses vom 1. Mai 2006. Verkündet wurde dieser nicht im Parlament oder bei einer Regierungserklärung, sondern beim Besuch eines Gasfeldes in Tarija, wo Evo Morales dem verdutzten Direktor vor versammelter Entourage, Pressevertretern und Arbeitern erklärte, er sei keineswegs gekommen, um die Gasfelder zu besichtigen, sondern um sie für das Volk in Besitz zu nehmen. Um darüber erst gar keine Missverständnisse aufkommen zu lassen, hatte er gleich das Militär mitgebracht und ließ auf einen Schlag im ganzen Land 56 Gas- und Ölfelder besetzen. Damit hatte Evo Morales kein halbes Jahr nach seiner Amtseinsetzung sein wichtigstes Wahlversprechen eingelöst und sich gleichzeitig die Aufmerksamkeit der ganzen Welt gesichert.

Die Aktion auf dem Gasfeld San Alberto war ohne Zweifel ein sehr öffentlichkeitswirksamer Überraschungscoup, der einiges an Konfusion und Chaos nach sich zog. Doch so schlimm, wie Wirtschaftsvertreter und westliche Regierungen befürchtet hatten, wurde es dann doch nicht. Die Konzerne wurden nicht von heute auf morgen kalt enteignet, Bolivien braucht ausländische Investoren, um seine Rohstoffe zu fördern, das Land hat selbst zu wenig eigene Experten. Die Firmen bekamen ein halbes Jahr Zeit, um mit der Regierung neue Verträge auszuhandeln, in denen auch die zuvor getätigten Investitionen und Gewinne berücksichtigt wurden. Die Konditionen dieser Verträge haben sich allerdings drastisch verändert. Blieben vorher nur 18 Prozent der Gewinne im Land, so hat sich das Verhältnis nun umgedreht, heute müssen die Konzerne je nach Fördermenge bis zu 82 Prozent an die bolivianische Staatskasse abführen. Damit war nun genug Geld da, um die vielen versprochenen Programme zur Bekämpfung der Armut und zur Verbesserung der Lebensbedingungen finanzieren zu können.

Großer Wurf: Der Teleférico von La Paz

Wenn mal wieder demonstriert wird oder *bloqueos* errichtet werden, dann bewegt sich auf den Straßen von La Paz und El Alto nichts mehr. Doch auch an ganz normalen Arbeitstagen versinkt Boliviens Doppelmetropole mit ihren zwei Millionen Einwohnern zu den Stoßzeiten im Chaos. Tausende von Minibussen und Autos verstopfen jeden Morgen und jeden Nachmittag mit lautem Gehupe die viel zu engen, steilen Straßen. Hier zur Entlastung Metros oder gar U-Bahnen zu bauen, ist absolut hoffnungslos. Der angenehmste und schönste Platz, um dieses ohrenbetäubende Durcheinander zu beobachten, ist eine Holzbank in einer der Gondeln der Seilbahn. Scheinbar schwerelos schweben die bunten Kabinen vorbei an Hochhäusern, über Hütten und Paläste, steile Abhänge hinunter und hinauf. Ein immer währendes, lautloses Ballett der Lüfte, dem man stundenlang zusehen könnte. Nur wenn die Seilbahn eine Stütze passiert, rattert es etwas. Mit jedem Höhenmeter, den die Gondel gewinnt, gibt die Stadt noch ein bisschen mehr Blick auf die schneebedeckten Berggipfel vom Illimani und Illampú frei. »Es ist, als säße man in einem kleinen Flugzeug«, sagt Leocardia Alave Suri, eine »fliegende Händlerin« aus El Alto, und man spürt dabei ihre Begeisterung.

Der Teleférico ist ein wirklich beeindruckendes Projekt des »neuen Boliviens«, und das längst nicht nur wegen der grandiosen Aussicht. Schon als erst ein Drittel der derzeit geplanten 13 Linien fertig war, war der Teleférico bereits das dichteste Seilbahnnetz der Welt. In jeder Gondel haben 10 Personen Platz. Jede der Linien kann pro Stunde und Richtung 3000 Passagiere befördern. Wenn man den Abstand zwischen den Gondeln etwas verringert und sie etwas schneller fahren lässt, sind es 4000. Dann sind da die technischen Zahlen: bis zu 60 Meter hohe Masten, bis zu acht Kilometer lange Stahlseile, die steilsten Seilbahnstrecken der Welt.

Auch die für deutsche Verhältnisse geradezu unglaublich schnelle Umsetzung ist erstaunlich: »Die *linea rocha,* die rote Linie, wurde in 14 Monaten aufgebaut. 14 Monate ab der Designphase, Fertigung in Europa, einmal um die ganze Welt schiffen, bis nach Bolivien transportieren, zusammenbauen, Bremstests machen und so weiter und dann in den öffentlichen Betrieb gehen. In 14 Monaten«, erklärt Torsten Bäuerlen. Er lebt, seit 2009 mit dem Bau der Seilbahn begonnen wurde, als Projektmanager der Firma Doppelmayr in La Paz. Das österreichische Unternehmen baut längst nicht mehr nur Skilifte und Seilbahnen in den Alpen, sondern inzwischen auch immer mehr städtische Verkehrsmittel. Technisch gesehen mache das kaum einen Unterschied, meint Torsten Bäuerlen, nur die Logistik sei wesentlich komplizierter. »Wenn wir auf der Alm arbeiten, dann montieren wir auch gern mit Hubschraubern. Diese ganzen Segmente von Stützen, die mehrere Tonnen wiegen, die kann man mit einem Hubschrauber anfliegen und dann montieren. Das ist etwas, was in einer Stadt nicht möglich ist, zumindest nicht in einer Stadt wie La Paz, denn hier sind die meisten Dächer Wellblechdächer, und der starke Abtrieb von den Rotorblättern würde diese Wellblechdächer in alle Richtungen wegwehen.« Und so steht er mit einem Helm auf dem in den Nacken gelegten Kopf auf der Baustelle und beobachtet, wie mit Hilfe eines eigens aus Europa importierten Krans eine weitere Stütze für die nächste Seilbahnlinie montiert wird.

Diese neue Stütze steht direkt vor der Fensterreihe eines mehrstöckigen Wohnhauses, in dem es ab sofort wenig Tageslicht und keine Aussicht mehr gibt. Nicht alle Menschen in La Paz und El Alto sind vom Teleférico begeistert. Vor allem jene nicht, denen die Fahrgäste jetzt ins Schlafzimmer oder in den Garten schauen können oder die nun damit leben müssen, dass ständig die Schatten der Gondeln durch ihre Wohnungen ziehen. »Aber es ist doch bei jedem großen Bauprojekt so, dass einzelne Bürger Nachteile haben, während die Mehrheit profitiert«, meint Fatima Sanchez Quiroga, die Sprecherin der staatlichen Betreiberfirma Mi Teleférico. »Denken Sie an den Lärm, der durch eine Autobahn entsteht. Oder all die Häuser, die man hätte abreißen müssen, um die Straßen zu verbreitern.« Da muss man ihr Recht geben. Für den Bau des Telefericos müssen so gut wie keine Gebäude abgerissen werden. Das technische Büro von Doppelmayr legt fest, wie die Seilbahn verläuft, und berechnet, wo ungefähr die Stützen stehen müssen. Innerhalb der Achse kann sie ein paar Meter vor oder zurück versetzt werden. Meistens findet sich auf dem Bürgersteig oder in einem Garten ein Platz, sodass weder Straßen unterbrochen werden noch Häuser weichen müssen. Steht die Stütze auf privatem Grund, wird eine festgelegte Entschädigung gezahlt, die nicht verhandelbar ist. Ende der Diskussion.

Und wie ist das mit den sonstigen Genehmigungen? »Während die Designphase beginnt, beginnt man auch damit, Bau- und Umweltgenehmigungen einzuholen. Das läuft parallel, damit keine großen Wartezeiten aufkommen«, sagt Torsten Bäuerlen und betont noch mal, wie glatt die Zusammenarbeit mit allen involvierten Behörden läuft, sei es der Zoll, das Bau- oder das Katasteramt. Wenn es um den Teleférico geht, dann wird das Unmögliche möglich gemacht.

Das haben wir auch selbst erlebt, als wir dafür Drehgenehmigungen einholten. Das ist normalerweise in Bolivien ein kafkaeskes Unterfangen, doch selbst die Erlaubnis, für Filmaufnahmen mit einer Drohne neben einer Gondel über die Stadt zu fliegen, wurde ohne größere Schwierigkeiten erteilt. Meine Heimatstadt Wuppertal, wo ebenfalls eine Seilbahn geplant ist, kann von so viel Reibungslosigkeit und vor allem von solch einem Zeitplan nur träumen. In La Paz dauerte die Vorplanung ganze zwei Jahre, bei uns werden seit 2012 Gegner und Befürworter angehört, wird über Mastenstandorte, Entschädigungssummen und Überflugsrechte über private Grundstücke diskutiert. Wenn die Stadt tatsächlich jemals mit dem Bau ihrer einen (!) Linie beginnt, dürfte La Paz sein gesamtes Netz längst fertiggestellt haben.

Für die Stadtbewohner bedeutet die Seilbahn eine enorme Erleichterung im Alltag. Der Teleférico spart viel Zeit. Wofür man mit dem Bus mindestens eine Stunde braucht, das schafft die Seilbahn in 20 Minuten. Geradezu unersetzlich ist der Teleférico, wenn donnerstags und sonntags in El Alto Markttag ist und ein ganzes Viertel für den Autoverkehr gesperrt wird. »Dann sind die Schlangen lang!«, erzählt Leocardia Alave Suri. »Doch es geht trotzdem schnell. Eine Gondel kommt, die Leute steigen ein, die nächste Gondel steht schon bereit.« Eigentlich gibt es immer viele Passagiere. Mit jeder neu eingeweihten Linie, die weitere Stadtteile bedient, nutzen mehr Menschen den Teleférico. Das Verkehrsmittel ist nicht nur schnell und leise, nirgendwo liegt Müll herum, die Stationen sind barrierefrei und in jeder gibt es tipptopp gepflegte öffentliche Toiletten sowie einen Gesundheitsposten. Dazu sind die Mitarbeiter durchweg ausgesprochen freundlich. Das alles ist für La Paz recht ungewöhnlich und Teil des Konzepts – der Teleférico soll ein Wohlfühlort des »neuen Boliviens« sein.

Die Seilbahn verändert nicht nur das Stadtbild, sondern bringt auch die Bewohner der verschiedenen Stadtteile zusammen. Früher musste man mehrfach umsteigen und brauchte zwei Stunden, um mit dem Minibus vom indigenen El Alto in die Zona Sur zu gelangen. Heute ist die Wohngegend der reichen Weißen nur eine vergnügliche halbe Stunde Schwebezeit von den Elendsquartieren entfernt. Am Wochenende sieht man staunende *indígenas,* die mit subventionierten Fahrkarten für Centbeträge über Villen hinweggondeln und einen Ausflug in eine andere Welt machen. Durchaus zum Missfallen einiger Weißer, die ihre Shoppingmalls lieber für sich hätten. Auch das ist Teil des Konzeptes und Motto des Teleféricos: »Uniendo nuestras vidas« – »Unsere Leben vereinen«.

Leocardia Alave Suri jedenfalls ist wie die meisten Metropolenbewohner ausgesprochen stolz auf das neue Wahrzeichen ihrer Stadt. »Vor allem in El Alto sind wir alle sehr glücklich über den Teleférico, denn er hilft uns wirklich sehr. Dafür möchte ich auch dem Präsidenten danken!«

Neue Infrastruktur, aber keine Brücke für Tiquina

Der Teleférico ist bei weitem nicht das einzige infrastrukturelle Projekt, das mit den Erlösen aus dem Erdgas in Gang gesetzt wurde. Seit Evo Morales an die Macht gekommen ist, hat man mitunter das Gefühl, in eine einzige große Baustelle geraten zu sein. Überall entstehen neue Gebäude, werden Strom- und Telefonmasten errichtet und Straßen planiert. Inzwischen sind alle wichtigen Straßen Boliviens asphaltiert und werden zum Teil mehrspurig ausgebaut. Mit dem Handy hat man heute zumindest mit dem staatlichen Anbieter Entel auch in vielen entlegenen Gebieten Empfang. Selbst kleine Andendörfer, die weitab der nächsten Stadt liegen, werden inzwischen mit Strom versorgt. Eine Entwicklung, die nicht alle gutheißen. »Ich bin dagegen, dass die Andendörfer elektrifiziert werden«, erklärte mir eine Soziologin aus La Paz, die sich über Jahrzehnte für die Rechte der Landbevölkerung einsetzt. »Die Menschen haben dort immer recht gut ohne Strom gelebt. Wenn sie jetzt Elektrizität bekommen, kommen im nächsten Schritt unweigerlich die Fernseher. Und damit die Telenovelas und die Werbung, alles Müll, der nur einen Zweck hat: ihnen beizubringen, dass sie arm sind, Wünsche zu wecken, die nicht erfüllt werden können und die sie unglücklich machen. Sie sind ohne diesen Fortschritt besser dran.«

Doch auch Evo Morales stößt mit seinen Infrastrukturprojekten an Grenzen. Nicht nur an finanzielle, worüber noch mehr zu sagen sein wird, sondern auch in der Bevölkerung. Da wird zum Beispiel eine wichtige Seilbahnlinie nicht gebaut: die vom Zentrum zum Flughafen. Obwohl das absolut sinnvoll wäre, wurde die Planung verworfen, als sich abzeichnete, dass das Syndikat der Taxifahrer es nicht dulden würde, dass diese lukrative Strecke

Konkurrenz bekommt. Die Auseinandersetzung, so viel war klar, hätte mit aller Härte geführt werden müssen, und dem ging die Regierung lieber aus dem Weg.

Genauso wie am Titicacasee, wo es bei Tiquina eine gerade mal 800 Meter breite Seeenge gibt. Der kleine Ort lebt davon, Fahrzeuge und Passagiere über die »Straße von Tiquina« zu bringen. Es hat sehr viel Charme, über die Planken auf die grob aus Brettern zusammengezimmerten Fähren zu steigen, dabei zuzusehen, wie die halbwüchsigen Söhne der Fährleute die Boote mit langen Stangen vom Ufer wegstaken, ihre Väter die Außenbordmotoren ins Wasser lassen und dann ganz gemächlich über den See schippern. So schade es wäre, wenn es diese Unterbrechung auf der Fahrt nicht mehr gäbe, infrastrukturell gesehen ist es eine Katastrophe. Wenn wenig Betrieb ist, verliert man hier auf dem Weg nach Copacabana und weiter ins Nachbarland Peru etwa 20 Minuten, ist viel los, dann stauen sich die Autos vor den Anlegern, und man muss schnell eine Stunde mehr einplanen. Und daran wird sich wohl auch nichts ändern. Von der technischen Seite her wäre es überhaupt kein Problem, eine Brücke über die Seeenge zu bauen, doch jedes Mal, wenn die Pläne dafür aus der Schublade gezogen werden, setzen die Fährleute von Tiquina zum Generalstreik an. Dann ist die wichtigste Verbindung Boliviens ins Nachbarland, über die auch viele Güter transportiert werden, so lange unterbrochen, bis die Entscheidung über die Brücke auf unbestimmte Zeit vertagt wird – trotz aller Versprechungen, alternative Jobs für das Dorf zu schaffen. Das war schon vor Evo Morales so, und daran hat sich auch nichts geändert, indigener Präsident aus dem Volk hin oder her.

Evos Versprechen: Kampf gegen die Armut

Die Bekämpfung von Armut und Ungleichheit ist ein weiteres wichtiges Thema der MAS-Regierung, und kaum dass durch die Verstaatlichung der Öl- und Gasreserven Geld in die Staatskasse kam, wurden verschiedene Projekte dazu angeschoben. Der Straßenbau und die Elektrifizierung schufen eine ganze Reihe Arbeitsplätze, aber das war längst nicht alles.

Es wurden zum einen eine ganze Reihe sozialer Leistungen eingeführt, die es vorher nicht gab und die so unter der verarmten Bevölkerung verteilt werden, dass möglichst jeder etwas abbekommt. Jedes Schulkind erhält zum Schuljahresbeginn einen Zuschuss von etwa 20 Euro ausbezahlt, damit es Bücher und Schulmaterialien kaufen kann. Schwangere bekommen einen Zuschuss für Lebensmittel, Mütter von Babys und Kleinkindern erhalten Milchpulver, das sie nicht selten an einer Straßenecke verkaufen, um die Haushaltskasse aufzubessern. Für Kinder unter fünf Jahren sowie für Senioren ab 60 Jahren ist die Basisgesundheitsversorgung kostenlos, Letztere bekommen außerdem eine kleine Rente. Allerdings haben viele keine Geburtsurkunden, Trauscheine oder gar Ausweise – warum auch, bislang interessierte sich der Staat nicht für sie. Jetzt müssen die Menschen vielerorts erst einmal mit Dokumenten ausgestattet werden, damit sie offiziell existieren und Zugang zu den Sozialleistungen erhalten.

Rund eine Million Erwachsene erhielten mit dem aus Kuba und Venezuela stammenden Alphabetisierungsprogramm »Yo sí puedo« – »Ja, ich kann es« – Intensivkurse im Lesen und Schreiben. Nach Angaben der UNESCO ist die Zahl der Analphabeten seit 2005 von dreizehn auf drei Prozent gesunken – Dabei gibt es jedoch starke regionale Unterschiede, wie ich in dem Dorf Huatapampa am Titicacasee feststellte, wo, als ich das Gesundheitszentrum besuchte, alle betagten Patienten mit einem Fingerabdruck statt mit einer Unterschrift ihre Behandlung bestätigten.

»Bolivia cambia, Evo cumple« – »Bolivien verändert sich, Evo hält sein Versprechen« – lautete ein Programm, unter dem eine ganze Reihe verschiedener Maßnahmen zur Unterstützung der ländlichen Bevölkerung umgesetzt wurden. In dem Örtchen San Pedro in der Nähe des Salar de Uyuni fand ich zu meinem Erstaunen hinter einer bröckelnden Adobemauer einen nagelneuen Traktor. »Den hat unser Dorf von der Regierung bekommen«, erklärte mir Doña Lydia. »Zusammen mit einem Pflug und einer Egge. Wir benutzen ihn reihum, jede Familie hat Anspruch darauf, damit ihr Feld zu bestellen.« Vor allem aber wurden landauf, landab zweckmäßige neue Ziegelbauten errichtet, in denen Schulen, Gemeindezentren oder Gesundheitsstationen untergebracht sind. Außerdem wurden im ganzen Land neue, überdachte Fußballplätze gebaut – die *canchas* sind das Lieblingsprojekt des fußballbegeisterten Präsidenten, die allerdings oft kaum genutzt werden, weil es weiter keine Sportprogramme gibt. Ähnliches gilt für die vielen gigantischen Markthallen. Während des *bloqueos* in Colomi hatte ich ausgiebig Zeit, mir die dortige anzuschauen: ein mehrstöckiger Koloss mit verspiegelten Fenstern, der wie ein verirrtes UFO wirkte. Drei Millionen Euro soll sie gekostet haben. Statt darin sitzen die Markfrauen davor am Straßenrand, so wie sie es immer getan haben.

7245 Projekte sollen es insgesamt sein. Und an jedem einzelnen dieser gleich aussehenden Ziegelbauten, Überdachungen und Glaskästen hängt ein Schild mit der Aufschrift »Evo cumple« – »Evo hält sein Versprechen«. Diese Maßnahmen schaffen Jobs und kurbeln das Wirtschaftswachstum an, das in den letzten Jahren stabil zwischen vier und fünf Prozent lag. Bolivien ist damit eines der wachstumsstärksten Länder Südamerikas. Die extreme Armut wurde um ein Drittel reduziert, eine Million Bolivianer konnten die Armutsgrenze überwinden und teilweise sogar bis in die Mittelschicht aufsteigen. Eine enorme Leistung, wie selbst die Welthandelsorganisation, die die Verstaatlichung der Rohstoffe anfangs ablehnte, anerkennend zugegeben hat.

Das Geld wird knapp

Wirft man jedoch einen Blick in diese von außen so proper aussehenden Bauten, ist die Ernüchterung groß. Das Versprechen wurde oft nur bis zur Eröffnung der Gebäude, die gern mit viel Pomp unter Anwesenheit des Präsidenten oder eines anderen

Regierungsvertreters gefeiert wurde, eingelöst. »Wir warten noch auf die Einrichtung«, sagte mir die medizinische Fachkraft des Örtchens Huatapampa, während sie ihre Patienten weiter in der betagten Gesundheitsstation hinter Vorhängen behandelt. Denselben Satz hörte ich auch auf der Isla del Sol von einer Lehrerin, die die wackligen Pulte aus dem alten Schulgebäude in das neue geschleppt hatte. Oder von den Mitgliedern der Gemeinde Layu Pampa in Norte Potosí, die sich für die Treffen in dem Gemeindehaus auf den Boden setzten. Als Evo Morales die Regierung übernahm, waren die Weltmarktpreise für Gas, Öl und Bodenschätze hoch, doch das hat sich in der Zwischenzeit geändert, und das hat direkte Auswirkungen auf Boliviens Staatskasse. 2018 wurde das Programm »Evo cumple« eingestellt, es war maßgeblich von Venezuela finanziert worden, das pleite ist. Angeblich ist es nur für ein Jahr unterbrochen und soll überarbeitet werden, doch trotz aller Beteuerungen, dass es wieder aufgenommen werden würde, wird überall vermutet, es sei nicht weiter finanzierbar.

Für ein Projekt aber ist nach wie vor Geld da: Das Netz des Teleférico wächst beständig weiter. Die Seilbahn ist weit mehr als ein umweltfreundliches öffentliches Verkehrsmittel. Sie ist ein Prestigeprojekt, das zeigen soll, wozu Bolivien imstande ist. Es einzustellen, das kann sich die Regierung nicht leisten, das Eingeständnis, dass doch nicht alles nach Plan verläuft, wäre zu offensichtlich. 684 Millionen US-Dollar soll die Seilbahn insgesamt kosten, bislang ist noch jede Rechnung pünktlich bezahlt worden, sagt zumindest der Doppelmayr-Projektmanager Torsten Bäuerlen. Bei einer unserer Fahrten sitzt mit uns in der Gondel ein Paar aus Tarija. Sie staunen und sind begeistert, doch irgendwann fragt sich die junge Frau laut: »Woher kommt eigentlich das ganze Geld?«, und ihr Mann antwortet: »Von unserem Gas aus Tarija.« »Warum haben wir dann nicht so eine Seilbahn?«, will sie wissen. Das fragen sich auch die Menschen in Santa Cruz oder in Potosí. Andere wiederum sagen, es gäbe drängendere Projekte. Zum Beispiel im Bereich der Gesundheitsversorgung oder in der Bildung. Auch andere Bereiche der öffentlichen Daseinsvorsorge sind vernachlässigt worden, sei es die Abfall- und Abwasserentsorgung oder auch die Wasserversorgung (davon wird gleich noch die Rede sein).

Unerbittlich rückt auch der Tag näher, an dem die Gasvorkommen erschöpft sind und an dem der Geldfluss völlig versiegen wird. Wann das sein wird, darüber gibt es unterschiedliche Prognosen, Pessimisten sagen, bis 2022 werde das meiste ausgebeutet sein, andere Quellen nennen 2030. In jedem Fall sind die Ressourcen erkennbar endlich, und schon jetzt ist immer weniger Geld in der Staatskasse, mit dem Infrastrukturprojekte finanziert und das Wirtschaftswachstum gehalten werden können, denn im internationalen Vergleich ist die bolivianische Wirtschaft ziemlich unproduktiv. Es muss eine neue Wirtschaftspolitik her, die mehr tut als die Erlöse aus dem Erdgas- und Erdölexport zu verteilen. Doch es fehlt offenbar an Strategien für neue Wirtschaftssektoren, an Investitionen in neue Technologien oder auch den Dienstleistungssektor. »Wo sollen all die Kinder, die jetzt eine bessere Schulbildung erhalten, in ein paar Jahren Jobs finden?«, diese Frage höre ich immer wieder. Auffällig ist auch, dass der Wechselkurs zwischen dem Boliviano und dem US-Dollar seit Jahren mehr oder weniger unverändert bleibt, allen Veränderungen der Rohstoffpreise zum Trotz. Offiziell sind die beiden Währungen nicht aneinander gekoppelt, doch es spricht viel dafür, dass der Boliviano künstlich hochgehalten wird. Jedenfalls befürchten viele, mit denen ich darüber sprach, dass sich da eine Blase aufbaue, die früher oder später mit einem großen Knall platzen werde.

Der Schatz im Salzsee

Wenn die Öl- und Gasvorkommen im Tiefland erschöpft sind, dann gibt es im Hochland einen womöglich noch wertvolleren Schatz: Lithium. Unter der meterdicken Salzkruste des Salar de Uyuni im äußersten Südwesten des Landes liegen in einer Salzlake gelöst geschätzte zehn Millionen Tonnen des Leichtmetalls, das zur Herstellung von Batterien und Akkus benötigt wird. Für eine Tonne Lithiumkarbonat werden 13 000 US-Dollar bezahlt, man nennt es daher auch das »weiße Gold«. Schon jetzt können die derzeit erreichbaren Lithiumvorräte nur knapp die Nachfrage decken. Wenn weltweit die Produktion von Elektroautos erst einmal richtig Fahrt aufgenommen hat, werden Bedarf und Preis noch erheblich steigen. Bolivien sitzt also auf den weltweit größten Reserven eines Stoffes, der für eine der wichtigsten Zukunftstechnologien unentbehrlich ist. Da ist sie wieder, die Geschichte vom Bettler auf dem goldenen Thron, doch diesmal soll alles anders laufen.

Wie bekommt man diesen sagenhaften Schatz aus der Salzlake gelöst und in reine Form? Das ist eine Frage, zu der von ganz unterschiedlichen Seiten geforscht wurde und noch immer wird. Eines dieser Projekte schaute ich mir 2010 auf dem Salzsee genauer an. Mitten auf dem gleißenden Weiß des Salar de Uyuni standen ein paar Kegel aus Maschendraht, die mit oranger Plastikfolie verkleidet waren. Auf der Spitze der Kegel drehten sich Räder klappernd im Wind. Im Innern der Kegel wurde durch Schläuche Salzlauge nach oben gepumpt, die von Rädern über die Kegel verteilt wurde. Beim Hinablaufen verdunstete ein Großteil des Wasser. Was unten in dem Auffangbecken ankam, war eine stark konzentrierte Salzlauge mit dem begehrten Lithium des Sees. Es war eine Versuchsstation, die gemeinsam von Wissenschaftlern der Technischen Universität Bergakademie Freiberg, Sachsen, und der Universität Tomás Frías in Potosí errichtet worden war, die seit den 1960er Jahren regelmäßig zusammenarbeiten.

Die Bedingungen, unter denen die Wissenschaftler forschten, waren abenteuerlich. Der Salar de Uyuni liegt auf einer Höhe von 3600 Metern über dem Meer in den Anden. Er ist fast fünf Mal so groß wie das Saarland, eine wunderschöne, riesige, weiße Salzwüste, in der weit und breit kein Mensch lebt, wo es kein Trinkwasser und auch kein Mobilfunknetz gibt. Der nächste Ort ist Uyuni, ein kleines, graues trostloses Städtchen mit rund

12 000 Einwohnern, das auf Touristen eingerichtet ist und sonst auf nichts. Professor Wolfgang Voigt, der das Projekt damals von deutscher Seite aus leitete, sagte mir lachend, dass nur jemand aus dem Osten, der das Improvisieren noch aus DDR-Zeiten gewohnt sei, dort halbwegs vernünftig arbeiten könne. »Man muss sich genau überlegen, was man mitnimmt an den Salar, denn im Umkreis von 200 Kilometern gibt es dort eigentlich nichts. Unsere Kegel sehen deswegen so bunt aus, weil in Uyuni nichts anderes zu kaufen war als diese orangen Planen. Es ist eigentlich nicht unser Ziel gewesen, da solche bunten Kegel aufzubauen.«

Die Wissenschaftler stießen nicht nur auf organisatorische Probleme, sondern es gab auch ganz handfeste technische Schwierigkeiten. Für die Forschung ist es wichtig, zu erfahren, wie die bis zu 120 Meter dicke Salzkruste beschaffen ist, und dazu müssen Bohrungen gemacht werden. Doch in Bolivien jemanden zu finden, der hier tiefbohren kann, erwies sich als unmöglich. »Wir hatten eine Bohrmannschaft aus Bolivien, die hat zwei Wochen lang versucht, in die harte Schicht vorzudringen, und kam genau einen halben Meter tief«, erinnert sich Jaime Claros, Voigts bolivianischer Counterexperte der Universität Tomás Friás. »Die Universität Freiberg hat sich dann darum gekümmert, dass wir aus Deutschland ein Spezialbohrgerät bekamen, mit dem wir die Probebohrungen machen konnten, die wir brauchten.«

Das deutsch-bolivianische Team hatte an alles gedacht, selbst an die Rechte der ansässigen Landbevölkerung – einfache Bauern, die von Lamazucht und Kartoffelanbau leben. Eine Gruppe von Abgesandten schaute sich die Versuchsanlage am selben Tag an wie wir Journalisten und ließ sich alles genau erklären. Aufmerksam und interessiert hörten sie zu, stellten Fragen und betrachteten die ganze Sache mit einem gewissen Besitzerstolz. »Wir sind die Eigentümer des Salzsees, und wir können das auch mit Dokumenten belegen. Wir werden es nicht erlauben, dass sich andere hier bereichern. Das ist das, was ich dazu zu sagen habe«, erklärte mir Cirlaco Mamani Soliz, Dorfvorsteher einer der anliegenden Gemeinden. Die Wissenschaftler versuchten, die

Dörfler in das Forschungsprojekt einzubeziehen, schon deshalb, weil sie vermeiden wollten, dass die lokale Bevölkerung aus Wut übergangen zu werden, das Projekt mit einem *bloqueo* lahmlegten. Jede Dorfgemeinschaft sollte eine eigene vergleichbare Versuchsanlage bekommen und im Auftrag des Projektes für die weitere Forschung im Labor Salzlauge eindampfen und dafür natürlich auch Geld bekommen.

Überhaupt das Labor: Das stand 200 Kilometer weiter in der Universität Tomás Frías in Potosí, und da musste die Salzlauge erst einmal hin. Stundenlang saßen wir mit Jaime Claros im betagten Pickup der Universität und fuhren, unterbrochen von einer Reifenpanne, über die holprige, damals noch nicht asphaltierte Straße von Uyuni nach Potosí, während hinter uns auf der Ladefläche in einem großen schwarzen Fass die Lithiumlösung hin und her schwappte. Das Labor entpuppte sich als ein kleiner Raum ohne Fenster mit Holzboden, einem großen Tisch und einem offenen Regal, in dem ein halbes Dutzend Glasgefäße standen. Hier wurde an einem Verfahren gearbeitet, mit dem das Lithium von den anderen Stoffen, die in der konzentrierten Salzlauge enthalten sind, getrennt werden kann. Julia Schmitt, die an der Technischen Universität Freiberg Angewandte Naturwissenschaften studierte, war nach Potosí entsandt worden, um bolivianischen Kommilitonen weiterzugeben, wie Inhaltsstoffe in einer Lösung bestimmt werden. Die Arbeitsbedingungen waren zunächst ein ziemlicher Schock für sie. »Es ist nicht so wie in Deutschland, wo man einfach eine Vitrine zur Verfügung hat, in der 20 saubere Gefäße drin sind, sodass die Studenten damit arbeiten können.« Julia Schmitt lernte schnell, dass im Zweifel auch mal ein Marmeladenglas statt eines Erlenmeyerkolbens zum Einsatz kommen kann. Das Fehlen von Gefäßen war dabei gar nicht ihr Hauptproblem. Viel schwieriger war, dass es keine Chemikalien gab. »Zum Beispiel simple Sachen wie Farbindikatoren. Wenn man bei uns sagt, man tut eine Spatelspitze voll rein, um zu sehen, jetzt ist es orange, und wenn sich der pH-Wert ändert, wird es gelb, geht das hier nicht. Ich hatte nur ein ganz kleines

Gefäß mit einem Indikator mitgenommen, und nun musste jedes Körnchen eingeteilt werden.«

Trotz all dieser Widrigkeiten gab es 2010 in Bolivien kein anderes Forschungsprojekt, das bei der Lithiumgewinnung auch nur annähernd so weit gekommen war wie dieses deutsch-bolivianische Universitätsteam. Die Universität Freiberg stellte 100 000 Euro für den Bau eines Technikums mit einem Großlabor zur Verfügung und sorgte dafür, dass die neuesten Apparaturen aus Deutschland importiert wurden.

Dazu entstanden im Umfeld der Universitätsforschung weitere Projekte. Eine deutsche Firma hatte beispielsweise Solarpaneele gespendet, die die Pumpen in den Kegeln mit Energie versorgen sollen. Im Gegenzug erhielt sie die einzigartige Möglichkeit, ihre Paneele unter extremen Bedingungen, bei starkem Wind, in eisiger Kälte und dem Salz ausgesetzt, auf Herz und Nieren testen zu lassen. Damit dies fundiert erforscht werden konnte, schickte Prof. Voigt gleich noch einen Doktoranden mit. Ein ähnliches Projekt war zur Verbesserung der Pumpen geplant. Alle waren sicher, dass der Erfolg unausweichlich sei, die Zusammenarbeit von bolivianischem Improvisationstalent mit deutschem technischen Know-how schien einfach unschlagbar. Die Kegel waren im Namen beider Universitäten schon in München zum Patent angemeldet, ein weiteres Patent sollte folgen, denn selbst in dem sehr bescheidenen Labor war es gelungen, ein neues Verfahren zur Abscheidung des Lithiums von den übrigen Salzen zu entwickeln. Das Team plante bereits den nächsten Schritt: den Aufbau einer Firma, die nach Abschluss der Forschungen die zur Eindampfung der Salzlauge erforderlichen Kegel herstellen und betreiben sollte.

Und dann war alles von heute auf morgen vorbei. Als ich 2012 in Freiberg anfragte, ob wir einen Film über das Forschungsprojekt drehen könnten, hatte ich einen zutiefst desillusionierten Professor am Telefon. Erst hatte es Schwierigkeiten bei der Partneruniversität gegeben, weil plötzlich alle möglichen Leute, auch solche, die mit Chemie nichts am Hut hatten, nach vorn drängten, um Chef dieses in Bolivien einzigartigen Technikums zu werden. Und dann, was noch viel schwerwiegender gewesen sei, habe die Regierung jede Beteiligung des westlichen Auslands an der Bergung des Schatzes im Salzsee untersagt. »Das Trauma des Bettlers auf dem goldenen Thron sitzt einfach zu tief«, sagte Wolfgang Voigt und klang dabei bitter.

Evo Morales seinerseits machte große Ankündigungen. Man werde das Lithium selbst erschließen und nicht wie schon so oft in der Geschichte den Reichtum des Landes für ein Butterbrot den Ausländern überlassen. Mehr noch, man werde selbst Lithiumbatterien herstellen und die Welt damit beliefern. Langfristig sei auch der Bau eines eigenen Elektroautos geplant. Wir rieben uns die Augen. Umso größer war die Freude in Deutschland, als im Oktober 2018 offiziell bekannt wurde, dass ein deutsches Firmenkonsortium unter Leitung der Firma ACI Systems Alemania die Erlaubnis erhält, gemeinsam mit dem bolivianischen Staatsunternehmen YLB (Yacimientos de Litio Bolivianos) den Abbau und die Weiterverarbeitung von Lithium aus dem Salar de Uyuni zu betreiben. K-UTEC aus Thüringen ist weiterhin beteiligt. An dem neuen Joint Venture hält YLB 51 Prozent und der deutsche Unternehmenszusammenschluss 49 Prozent. Dieses Verhältnis und das Versprechen der Deutschen, am Aufbau von weiterverarbeitender Industrie in der Region zu helfen, waren Argumente, mit denen sie sich gegenüber der internationalen Konkurrenz durchsetzen konnten. Vor allem chinesische Firmen hatten zuvor großes Interesse gezeigt. Zwar soll ein Viertel des Stroms, der zur Gewinnung des Rohstoffs benötigt wird, aus Solaranlagen kommen, jedoch kritisieren Umweltaktivisten, dass es noch keine Umweltgutachten für das Projekt am Salar de Uyuni gibt. Die Sorgen um die Umwelt werden allerdings von den wirtschaftlichen Hoffnungen überschattet: das Joint-Venture ist auf Jahrzehnte angelegt und soll tausende neue Arbeitsplätze in Bolivien schaffen.

Privatwirtschaft als Chance?

Kann womöglich die Privatwirtschaft die Lücke füllen, die entsteht, wenn die erschlossenen Rohstoffe Gas und Öl zur Neige gehen und das Lithium noch kein Geld in die Staatskasse fließen lässt? Keiner kann sagen, wann das »weiße Gold« tatsächlich profitabel abgebaut werden kann. Dass es einen nahtlosen Übergang geben wird, daran glaubt kaum jemand, denn mit großen in- oder ausländischen Investitionen ist derzeit nicht zu rechnen. Neben den Öl- und Gasfeldern wurden auch 20 andere Schlüsselunternehmen, vor allem im Bereich der Daseinsvorsorge, verstaatlicht. Das ist zwar eine viel kleinere Dimension als in Venezuela, wo fast alle größeren privaten Unternehmen enteignet wurden, doch herrscht in Bolivien kein Klima, das Privatinvestoren anlockt. Im Gegenteil.

Ich habe Bekannte, die eine Reiseagentur besitzen, andere eine schrumpfende Einzelhandelskette und Dritte, die ein kleines Unternehmen führen, das Naturmedizin aus Echinacea, Baldrian und anderen Pflanzen herstellt. Sie alle haben dasselbe Problem: Seit Evo Morales regiert, wird jedes Jahr per Dekret verfügt, dass alle Festangestellten eine Lohnerhöhung bekommen. Wenn es für die Arbeitgeber gut läuft, sind es vier Prozent, manchmal aber auch zehn. Innerhalb einer Dekade haben sich die Löhne verdoppelt, im südamerikanischen Vergleich hat Bolivien inzwischen hohe Löhne. Und da sind die ebenfalls per Dekret verordneten 13. und 14. Monatsgehälter noch gar nicht mitgerechnet. Nicht nur die enormen Gehaltssteigerungen sind für die Arbeitgeber ein Problem, sondern auch die Kurzfristigkeit der Entscheidungen. Ich erinnere mich gut daran, wie fassungslos und ratlos die Frau aus dem Einzelhandel war, als sie Ende November erfuhr, dass sie allen Angestellten als Weihnachtsgeld ein volles Monatsgehalt zu zahlen habe. »Wie sollen wir das machen? Woher sollen wir das Geld plötzlich hernehmen? Wie sollen wir vernünftig planen, wenn wir nie wissen, was als Nächstes kommt?«

Die Gehaltserhöhungen und zusätzlichen Monatsgehälter

gelten übrigens auch für Angestellte staatlicher Unternehmen. Die Elektrizitätswerke von Cochabamba erhöhten deswegen, als ich gerade dort war, die Strompreise um zwei Prozent. Das Ergebnis war ein großer *bloqueo*. Ob es denn für die Leute nicht nachvollziehbar sei, dass die Unternehmen die Preise erhöhen, wenn sie plötzlich so viel mehr an Gehältern zahlen müssen, fragte ich unsere Bekannte. Die verdrehte nur die Augen und meinte, das sei ihnen egal. Außerdem haben nur die rund 30 Prozent der Bolivianer, die festangestellt sind, etwas von den Gehaltserhöhungen. Die Mehrheit arbeitet ohnehin im informellen Sektor oder als Kleinbauern.

Auch in punkto Arbeitsrecht hat sich einiges geändert. Der Kündigungsschutz wurde verschärft, und es dürfen nur noch langfristige Arbeitsverträge abgeschlossen werden. »Wir dürfen niemandem kündigen, auch wenn wir die gestiegenen Gehälter nicht mehr bezahlen können«, erklärte mir eine Unternehmerin, die ein mittelständisches Unternehmen, das Naturmedizin herstellt, führt. »Wir wissen nicht, was für Gehaltssteigerungen als Nächstes kommen und wie lange wir die noch mittragen können. Deshalb sind wir um jeden froh, der von sich aus kündigt, und besetzen die Stellen nicht nach. Lieber verteilen wir die Arbeit auf weniger Schultern oder produzieren im Zweifel weniger.« Kleinunternehmen empfinden die Wirtschaftspolitik der MAS-Regierung so, als solle die Privatwirtschaft bewusst mit zusätzlichen Regelungen und Formalien, Dekreten und immer wieder zusätzlichen Steuern kleingehalten werden. Keiner mit dem ich gesprochen habe würde derzeit empfehlen, in Bolivien ein Geschäft zu gründen. Das belebt die Wirtschaft insgesamt wenig und zieht auch keine Firmen aus dem Bereich neuer Technologien an, die das Land eigentlich dringend braucht.

Auf der Suche nach dem guten Leben

An den Ursprüngen

Das Konzept des *buen vivir,* das in die bolivianische Verfassung aufgenommen wurde, entspricht dem indigenen Prinzip *suma quamaña,* was wörtlich »gut leben« bedeutet, womit das harmonische Zusammenleben aller Menschen untereinander und mit der Natur gemeint ist. Alle Mitglieder einer Gemeinschaft sollen materiell, sozial und spirituell zufrieden sein können, jedoch nicht auf Kosten anderer Mitglieder und auch nicht auf Kosten der natürlichen Lebensgrundlagen. Zum guten Zusammenleben gehören auch Solidarität und die Reduzierung von sozialer Ungleichheit, nicht jedoch individueller Reichtum. Das Konzept wendet sich außerdem gegen die Annahme, dass der Wohlstand und die Wirtschaft ständig weiter wachsen müssen. »Kapitalismus ist der schlimmste Feind der Menschheit. Der Kapitalismus und die sinnlose Entwicklung grenzenloser Industrialisierung zerstören die Umwelt«, erklärte Präsident Evo Morales 2009 dem US-Nachrichtenmagazin Democracy Now!. »Wir müssen über einen anderen Lebensstil nachdenken: Es geht darum, gut zu leben, nicht besser zu leben. Besser leben geht nur auf Kosten Dritter und zum Preis der Umweltzerstörung.«

Das klingt ganz wunderbar und hat im Westen einiges Aufsehen erregt. Von einer »Alternative zum auf Wachstum ausgerichteten Wirtschaftsmodel in Zeiten endlicher Ressourcen« ist die Rede. Von einen »Gegenentwurf zum westlichen Lebensstil« und einem »Vorschlag für einen globalen Paradigmenwechsel«. Bolivien und Ecuador, wo das Prinzip ebenfalls in der Verfassung steht, wurden bei Umweltbewussten und Linken zu Vorbildern.

Der DGB lud beispielsweise unter dem Titel »Gutes Leben trifft gute Arbeit« den Ecuadorianer Alberto Acosta, der die neue Verfassung mitgestaltet hatte und einer der bekanntesten Verfechter des *buen vivir* ist, zu einer Podiumsdiskussion ein, um mit ihm über Zukunftsvisionen zu sprechen. Die Friedrich-Ebert-Stiftung fand sein Buch »Vom Recht auf ein gutes Leben« so wichtig, dass sie dessen Übersetzung ins Deutsche finanziell unterstützte.

Von denen, die seit Generationen von der Hand in den Mund leben, wird das *buen vivir* durchaus auch im Sinne von »besser leben« verstanden. Sie glauben nicht nur daran, dass ein besseres Leben möglich ist, sondern auch, dass es ihnen zusteht. Wie passt das zusammen, die gesamtgesellschaftliche und wirtschaftliche Entwicklung nach westlichem Vorbild abzulehnen und gleichzeitig für nicht unerhebliche Teile der Bevölkerung ein besseres Leben anzustreben, was ja auch finanziert werden muss? Im Einklang mit der Natur leben zu wollen, wo doch Rohstoffe, die keineswegs umweltverträglich abgebaut werden, die Haupteinnahmequelle des Landes sind? Den Bildungsstand der Bevölkerung erheblich zu steigern, aber kaum moderne Arbeitsplätze zu schaffen, an denen die Kenntnisse etwas nutzen würden? Was also bedeutet *buen vivir* in der Praxis, und wie wird es vor Ort umgesetzt, wie beeinflusst das Prinzip Regierungsentscheidungen, und wie wirkt es sich ganz konkret im täglichen Leben aus? All das wollte ich genauer wissen, und weil sich das aus der Ferne schwer sagen lässt, fuhr ich erneut nach Bolivien, um genau diesen Fragen gezielt nachzugehen.

Wenn man das »originale« *buen vivir* findet, dann in entlegenen, indigenen Gemeinden. Erinnern wir uns an Don Demetrio aus dem ersten Kapitel. »Vielleicht liegt es daran, dass wir die Pachamama, die Mutter Erde, nicht mehr so ehren wie früher«, sagte er, um eine Erklärung für das sich verändernde Klima zu finden. Es gibt kaum einen Wissenschaftler, der ihm da widersprechen würde, auch wenn sie ein anderes Vokabular verwenden. Übersetzt man »Pachamama« mit »Umwelt« und »nicht ehren« mit »ausbeuten«, kommen beide zu demselben Ergebnis.

»Vor allem in den Anden leben die Bauern noch immer nach den alten Traditionen, und die Verehrung der Pachamama ist ein zentraler Bestandteil ihrer Kultur«, erklärt Fernando Antezana. Er ist der Chef von Pusisuyu, eine bolivianische Hilfsorganisation, die sich um nachhaltige Entwicklung der Dörfer in der Region Norte Potosí kümmert. Sie legt dabei besonderen Wert darauf, den Menschen keine neuen Methoden überzustülpen, sondern führt behutsam Maßnahmen wieder ein, die schon früher das Überleben der Andenbewohner sicherten und in Vergessenheit gerieten. »Die Bauern in den Anden erleben ständig hautnah, dass sie im rauen Altiplano nur eine Chance haben, wenn die Umwelt ihnen wohlgesonnen ist. Sie haben großen Respekt vor den Naturgewalten, die ganz unmittelbar ihr Überleben beeinflussen. Deshalb ist es für sie selbstverständlich, dass sie im Einklang mit der Natur leben müssen«, sagt Fernando. Gut zu leben, das bedeutet für die *campesinos,* genug zu essen und ein Dach über dem Kopf zu haben, der Natur nahe zu sein und die jährlichen spirituellen Feste zu feiern. Überfluss oder eine Wegwerfgesellschaft, das gibt es in den Andendörfern nicht, die Menschen leben einfach und nur mit dem Nötigsten, sie sind dankbar für das, was die Natur ihnen gibt. Ihren Respekt beweisen sie bei großen Festen zu Ehren der Pachamama und des Sonnengotts Inti und durch kleine Rituale, die bei keiner Zusammenkunft fehlen dürfen. Auch im Alltag wird die Natur als ein Gegenüber wahrgenommen. »Die Menschen auf dem Land sprechen zum Beispiel mit dem Saatgut oder den Quellen«, berichtet Jhonni Herbos, Mitarbeiter von Pusisuyu. »Sie sehen sich als Teil der Natur, die wie sie lebendig ist und mit der sie kommunizieren, schließlich leben sie mit ihr zusammen.«

Fernando Antenzana und seine Mitarbeiter erleben diesen Respekt vor der Natur bei jedem ihrer regelmäßigen Besuche in den Andendörfern, und da müsste er, so dachte ich zumindest, doch sehr angetan davon sein, dass die Regierung das *buen vivir* in die Verfassung aufgenommen hat. Zu meiner Überraschung ist Fernando sehr vorsichtig mit seiner Antwort. Zum *buen vivir* als Verfassungsprinzip fällt ihm als Erstes ein, dass es im krassen Widerspruch zu dem stünde, was von der Regierung ansonsten gesagt werde. »Der Präsident betont einerseits die indigenen Wurzeln des Landes und predigt andererseits Fortschritt und den Aufbruch zur Modernität.« Für jemanden, der ständig mit den Menschen im Altiplano zu tun hat, ist das nicht nur ein theoretisches Problem, Fernando sieht auch die ganz praktischen Auswirkungen. »Modernität, das bedeutet, dass die jungen Leute keine handgewebten Sachen mehr tragen wollen, sondern Jeans und dass sie Handys haben wollen. Dass sie nicht laufen, sondern fahren und nicht ausschließlich Kartoffeln essen wollen.«

Das alles sind Gründe, warum junge Menschen ihre Dörfer verlassen und in die Städte ziehen. Wenn sie die Annehmlichkeiten des modernen Lebens erst einmal kennengelernt haben, wollen sie nicht mehr zurück. Das, was ihre Eltern noch als »gut leben« bezeichneten, finden sie nun ärmlich und rückständig, von dem Bezug zur Natur, den ihre Eltern noch haben, bliebe dann nicht mehr viel übrig. Statt in der dörflichen Gemeinschaft zu leben, in der jeder nach dem alten Prinzip der *mita,* der Gemeinschaftsarbeit, dem anderen hilft, vereinzeln die Familien. Traditionelle Werte werden nicht mehr vermittelt und gehen verloren. »*Buen vivir* ist zu einem politischen Schlagwort geschrumpft«, sagt Fernando Antenzana. »Aber es hat letztlich wenig mit dem traditionellen Zusammenleben in der Gemeinschaft und mit der Natur zu tun.«

Gartenarbeit für ein gutes Leben

In einem Frauenhaus am Rande von Cochabamba arbeitet Héloise Calame mit den Kindern misshandelter Frauen in einem Garten. Gemeinsam graben sie die Erde um, pflanzen Spinat, Salat und Bohnen und wässern die Setzlinge. Die Kinder sind wissbegierig und eifrig dabei und geben darauf acht, nicht auf die Pflanzen zu treten. Für Héloise Calame von Interteam, einer

Schweizer Hilfsorganisation, die sich speziell um Kinder und Jugendliche kümmert, ist das ein gelungenes Beispiel für gelebtes *buen vivir*. »Einen sicheren Platz zum Leben zu haben, ausreichend und gut zu essen, Teil einer Gemeinschaft zu sein, die zusammen arbeitet, spricht und lacht, auch das gehört zum *buen vivir*«, erklärt sie. »Und genau darum geht es hier: Wir bauen gemeinsam gesunde Nahrungsmittel an, haben dabei Spaß und unterhalten uns – und das alles in der geschützten Umgebung des Frauenhauses.« Heloise erzählt, wie sich die Kinder noch vor ein paar Monaten verhalten haben. Permanent stritten sie sich um Gartenwerkzeug, waren aggressiv und wenig konzentriert, was sicher auch daran lag, dass die Jungen und Mädchen aus schwierigen Familienverhältnissen kommen, keines der Kinder lebt ohne Grund im Frauenhaus. »Schau sie dir jetzt an, wie sie einander helfen!«, ruft Héloise Calame mit hörbarer Begeisterung. Bei dem Projekt geht es natürlich auch darum, dass die Kinder lernen, wie man Gemüse anpflanzt, und der Beitrag für die Küche ist ebenfalls willkommen, aber das sind eher Begleiterscheinungen. »Wir wollen, dass sie lernen, wie man gemeinsam etwas auf die Beine stellt. Wie einvernehmliche Entscheidungen getroffen und verbindliche Regeln festgelegt werden. Das ist etwas, was für das ganze Leben wichtig ist.«

Für ihren Chef Peter Strack, der seit vielen Jahren in Bolivien erst für terre des hommes und nun für Interteam die Landesbüros leitet, ist das *buen vivir* ein Anknüpfungspunkt, über den man die Menschen erreicht. »Es ist ein Konzept des harmonischen Zusammenlebens, das in vielen Fällen nicht mehr funktioniert. Wir schauen, wie man diese Wertvorstellungen, die dahinter stecken, wieder hervorbringen kann, statt wie bisher über Menschenrechte oder die Gewalt in der Familie von der gesetzlichen Ebene, von oben herab zu diskutieren.« Peter Strack erzählt von dem Ergebnis der Evaluierung eines anderen Projektes, in dem Kinder und Eltern gemeinsam in einem Garten arbeiteten, eigentlich ging es dabei um gesünderes Essen. »Wir haben dann die Kinder gefragt, was sich für sie verändert hat, und sie sagten, ›unsere

Eltern schlagen uns nicht mehr‹. Das hat mit den gemeinsamen Aktivitäten und der Kommunikation zu tun und dass man sich um Pflanzen kümmert, die ein schwächerer Partner sind, und darüber der Respekt gegenüber Lebewesen gestärkt wird. Das kann die Atmosphäre im Zusammenleben ändern.«

Fragt man die Mütter der Kinder, die im Garten des Frauenhauses von Cochabamba werkeln, wie sie es finden, dass die Kleinen nicht nur gärtnern, sondern auch die Prinzipien des *buen vivir* kennenlernen, erntet man skeptische Blicke. Ja, sie habe den Begriff schon mal gehört, meint eine. Was damit gemeint sei, das könne sie aber nicht sagen. Doch es sei schön, dass ihr Sohn im Garten arbeite, etwas lerne und dabei offensichtlich Spaß habe. *Buen vivir,* so viel wird klar, ist ein Begriff, der eher von Organisationen als von den Menschen benutzt wird.

Casimira Rodríguez Romero ist in oberster Instanz für das Frauenhaus verantwortlich. Sie war einst Hausangestellte, die gegen die Ausbeutung kämpfte und zur Gewerkschafterin wurde und dann die erste Justizministerin unter Evo Morales. Eine beeindruckende und zugleich bescheiden wirkende Frau, die inzwischen Sozialministerin im Departamento Cochabamba und unter anderem für Kinder, Frauen und Familie zuständig ist. Der Kampf gegen die alltägliche und wachsende Gewalt gegen Frauen gehört zu ihren wichtigsten Aufgaben. Was bedeutet *buen vivir* für sie, möchte ich wissen. »Es ist ein alternatives Angebot für das Zusammenleben der Menschen«, sagt sie, »eine Vision, in die alle mit einbezogen werden, auch die Alten und Schwachen.« Die Sozialministerin zählt die Elemente auf, die sie am wichtigsten findet: Gesundheit, feste Arbeit, Sicherheit, ein Leben ohne Gewalt und Umweltschutz. Und wie fließt das indigene Prinzip in ihre und die Entscheidungen anderer Politiker ein? Ein höherer Mindestlohn, weniger Unterernährung, ein Zuschuss für Schulmaterialien, all das sei auch Teil des *buen vivir* und werde bereits umgesetzt. Es fehle aber noch am ganzheitlichen Ansatz, an der Frage, wie die Menschen in Bolivien zusammen leben wollen. »Wir haben viele Probleme in Bolivien, nicht nur materielle, sondern auch soziale. Kinder werden vernachlässigt, Behinderte ausgeschlossen. Wenn wir mehr auf die Schwachen achten und alle einbeziehen, dann nähern wir uns dem ›guten Leben‹«. Der Garten im Frauenhaus, der sei ein Ansatz in die richtige Richtung. Aber das Konzept müsse in der Bevölkerung noch bekannter werden, und es brauche mehr Beispiele dafür, wie man im Sinne des Prinzips »gut lebe«.

In der Schule des guten Lebens

Bevor die Jugendlichen mit dem Fußballspiel beginnen, fragen sie zuerst den kleinen Park in La Paz um Erlaubnis – ganz so, wie Don Demetrio erst mit seinem Feld spricht, bevor er es umgräbt. »Wir zollen der Mutter Erde damit unseren Respekt«, erklärt Brenda Flores. Als Nächstes legen sie gemeinsam die Regeln fest. Heute wird nicht gegrätscht, und harte Schüsse, sowie die, die über die Höhe des Knies gehen, gelten nicht. »Es soll nicht darum gehen, dass eine Gruppe gewinnt, sondern darum, dass wir alle gemeinsam Spaß haben.« Statt eines Schiedsrichters beobachtet ein Mediator das Spiel und hört bei Meinungsverschiedenheiten alle Beteiligten an. Nach den zwei Halbzeiten gibt es eine dritte Spielzeit, in der über die Partie gesprochen wird und ich als Zuschauerin zusätzliche Punkte für Fairness vergebe.

Die Jugendlichen, die hier nach den Parametern des *buen vivir* Fußball spielen, sind Mitglieder von Inti Watana, der Schule des guten Lebens. Es ist eine Jugendorganisation, die sich durchaus auch als Kaderschmiede versteht. Einige der Mitglieder gehen noch zur Schule, doch die meisten studieren, werden Anwälte, Soziologen oder Psychologen. »Sie werden später in verantwortlichen Positionen sein. Wir wollen, dass sie dafür nicht nur intellektuell gebildet sind, sondern auch ihre Geschichte und ihre Kultur kennen und das später in ihr Handeln einfließen lassen«, erklärt José Nuñez, der Leiter von Inti Watana, den alle nur Coco nennen. Die Schüler des guten Lebens, die ich an diesem Tag kennenlerne, sind Großstadtkinder aus La Paz oder El Alto. Sie wissen wenig von den Gebräuchen ihrer Vorfahren, deshalb gibt es regelmäßig Exkursionen in die Dörfer des Altiplano, wo sie sich mit Alten und Jungen austauschen, um mehr über ihre kulturellen Wurzeln zu erfahren. Was sie dort gelernt haben, integrieren sie in ihr Leben in der Metropole. Die kulturelle Identität finden und wiederbeleben, darum geht es hier.

Wir stehen in einem Kreis auf der Dachterrasse des Altbaus, in dem Inti Watana seinen Hauptsitz hat. Einer spielt eine Panflöte, ein anderer schlägt sanft die Trommel. Auf dem Boden liegen auf einem handgewebten Tuch Cocablätter ausgebreitet. Gemeinsam singen die Mitglieder ein traditionelles Lied, bitten die Pachamama und die Geister der Hausberge von La Paz um ihren Segen für die bevorstehende Zusammenkunft. »Eigentlich gehört auch ein kleines Brandopfer dazu«, meint Coco, »aber das wäre hier auf dem Dach zu gefährlich«. Anschließend wird Musik gemacht. Aber nicht irgendwelche. Die Jugendlichen lernen nicht nur die alten Instrumente und die alten Melodien zu spielen, sondern auch, in welche Jahreszeit sie gehören. »Unsere Vorfahren spielten im Winter, wenn es sehr kalt wurde, eine laute Trommel, deren Vibrationen verhinderten, dass die Pflanzen einfroren«, nennt José Nuñez ein Beispiel. In der Schule des guten Lebens werden die Instrumente nur auf die Weise gespielt, die zum jeweiligen Monat passt, genauso, wie nur das saisonale und regionale Obst und Gemüse auf den Tisch kommt. »Das hat etwas mit bewusstem Konsum zu tun, damit, dass die Früchte ihre bestimmte Zeit haben und nicht rund ums Jahr zur Verfügung stehen. Das ist eine Ausbeutung der Natur.« »Das Wissen, dass jedes Instrument seine Zeit hat, war für mich eine wichtige Entdeckung meiner Wurzeln. Es zu spielen ist auch ein Zeichen der Dankbarkeit für Mutter Erde«, meint Brenda. Pachamama, Respekt vor der Natur, Leben in Harmonie, diese Begriffe fallen bei den Schülern des guten Lebens wieder und wieder. Sie erweisen den Respekt auch ganz praktisch, indem sie gemeinsam mit anderen Kindern Müll sammeln. »Aber wir sind keine Umweltschützer, keine Fundamentalisten, die hundertprozentigen Umweltschutz fordern und darüber die Armut vergessen. Denn auch die Armen haben ein Recht darauf, gut zu leben. Die Idee des buen vivir ist, die Rechte der Natur und die der Menschen miteinander zu vereinbaren.« Coco gibt zu, dass damit viele Widersprüche verbunden seien. Überhaupt sei das Konzept unfertig, erst noch im Entstehen, noch könne niemand sagen, was daraus werde. »Aber zu sehen, dass nach 500 Jahren etwas von deiner Kultur in der Verfassung steht, das ist wunderbar.«

Theorie und Praxis

Und was ist mit der Regierung, mit den richtungsweisenden Entscheidungen, die dort getroffen werden? *Buen vivir* mag in der Verfassung stehen und in Reden besungen werden, und ja, soweit es um Aspekte wie Reduzierung der Ungleichheit und materielle Zufriedenheit geht, wird es von der Regierung ernst genommen. Die Armut ist gesunken, die Grundbedürfnisse auch der Armen werden besser erfüllt. Doch was den Schutz der natürlichen Lebensgrundlage und die Harmonie im Zusammenleben mit der Natur angeht, also die Punkte, wegen denen das Konzept von ökologisch motivierten Alternativen im Westen so gefeiert wird, so bleiben mehrheitlich nur Sonntagsreden übrig (im nächsten Kapitel ist darüber mehr zu lesen). Dies betrifft etwa die Neufassung des Bergbaugesetzes, das ausdrücklich der Ausbeutung von Rohstoffen Vorrang vor dem Naturschutz einräumt und deutlich macht, dass das Rahmengesetz zum Schutz der Mutter Erde, das die Natur als eigenständiges Rechtssubjekt verankert, kaum ernst genommen wird. Die Naturschutzbehörde SERNAP (Servicio Nacional de Áreas Protegidas) wurde geschwächt, ein Großteil ihres Personals entlassen, ihre Expertise ist nicht gefragt, nicht einmal bei so enormen Vorhaben wie dem Bau von Atomkraftwerken, von denen 2025 das erste Werk ans Netz gehen soll. Anwohner und Naturschützer, die sich dagegen wenden und unter anderem darauf hinweisen, dass das geplante Werk in einer Zone stehen wird, die erdbebengefährdet ist, blieben ungehört. Bolivien würde sich auch für Wind- und Solarparks eignen, doch diese regenerativen Energien bleiben weitgehend unbeachtet. Ob im Bergbau, bei der Ausweitung der Sojamonokulturen oder bei Großprojekten wie Straßen und Staudämmen im Amazonasgebiet – Umweltschutzaspekte spielen in der Praxis kaum eine Rolle. Selbst ausgewiesene Naturschutzgebiete sind von Übergriffen betroffen. Es gibt keine Umweltverträglichkeitsprüfungen, und auch die Belange der direkt betroffenen ansässigen indigenen Gemeinschaften werden oft nicht berücksichtigt, ja, sie werden mitunter nicht einmal angehört.

Wie verträgt sich all das mit den Grundsätzen des *buen vivir*, mit dem guten Zusammenleben der Menschen untereinander und mit der Natur? Gar nicht, meinen Vertreter verschiedener Umweltschutzorganisationen und Vertreter in Bedrängnis geratener indigener Gruppen. Sie bezeichnen den Präsidenten als »Pachamamista«, der das eine predigt und das andere tut. Fernando Antezana bemängelt die fehlende Definition. »Es ist völlig unklar, was mit dem Begriff überhaupt gemeint sein soll. Es kann nicht darum gehen, so zu leben wie unsere Vorfahren vor 500 Jahren. Doch der radikale Abbau von Rohstoffen, um mit den Erlösen die Grundbedürfnisse der Bevölkerung zu befriedigen, widerspricht dem Konzept fundamental, denn die Bewahrung einer intakten Natur ist meiner Ansicht nach ein zentraler Bestandteil des Prinzips. Die Frage ist, wie wir die wichtigsten Elemente des *buen vivir* in die heutige Zeit übertragen können. Bislang sehe ich nicht, dass es dafür ein Konzept gibt. Es ist ein konstruierter Begriff, der leer ist.« Sein Kollege Jhonny Herbos fügt hinzu: »Es spricht auch kaum jemand mehr vom ›guten Leben‹, nicht einmal mehr der Staat, denn es fehlen zunehmend die Argumente, inwieweit seine Politik noch etwas mit den indigenen Prinzipien zu tun hat. Heute spricht man eher vom ›gesunden‹ oder auch vom ›besseren Leben‹.«

Nur einer der Beobachter, mit denen ich sprach, geht etwas weniger hart mit dem Konzept und seiner Umsetzung ins Gericht. »Die christliche Kultur, die predigt die Nächstenliebe, und es ist auch nicht so, dass in Deutschland die Menschen ihren Nächsten immer lieben. Das heißt nicht, dass das Prinzip schlecht ist. Die Frage ist einfach, was man tun kann, um diese Elemente zu unterstützen«, meint Peter Strack.

Am Ende meiner Reise auf den Spuren des guten Lebens bleibe ich ratlos zurück. Und auch als ich mit etwas Abstand die Interviews abhöre frage ich mich, ob ich etwas übersehen habe, ob ich vielleicht zu voreingenommen bin, um den Paradigmenwechsel, den Gegenentwurf zum westlich-kapitalistischen Lebensmodell zu erkennen, den das Prinzip des *buen vivir* angeblich darstellt. Es ist ein wenig, als wolle man einen hell leuchtenden Stern fixieren: Je länger und genauer man hinschaut, desto mehr verschwimmt er, bis er schließlich gar nicht mehr zu sehen ist. Erst einmal war es jenseits der Dörfer nicht leicht, überhaupt Beispiele für Projekte und Institutionen zu finden, in denen *buen vivir* eine Rolle spielt. Es ist keineswegs ein Begriff, mit dem die Menschen allgemein etwas anfangen können.

Was ich in diesen Projekten an praktischer Umsetzung fand, waren Ansätze, die ich in Deutschland als gesellschaftlichen Grundkonsens wahrnehme. Dafür zu sorgen, dass Kinder nicht vernachlässigt werden und Frauen ohne Angst vor Gewalt leben können, ist, wo der Grundkonsens nicht greift, Aufgabe der Sozialarbeit oder im Zweifel der Justiz. Auch der Garten: Gemeinsam erfolgreich etwas auf die Beine zu stellen, zu sehen, dass man sich einigen und mit vereinten Kräften etwas schaffen kann, das sind ohne Zweifel wichtige Erfahrungen, die helfen, gut zusammen zu leben. Teamarbeit ist nicht umsonst ein wichtiges Element der Erlebnispädagogik oder bei der Jugendarbeit, und jede Familienberatungsstelle bietet Kurse für eine bessere Kommunikation an. Oder es sind Ideen, die bei uns zunehmend Verbreitung finden, wie etwa lokale, saisonale Produkte zu kaufen. *Buen vivir* scheint mir an den wenigen Stellen, wo ich in den Städten eine praktische Umsetzung finden konnte, etwas zu sein –

wenn sicher auch nicht im ausreichenden Maße –, was schon lange praktiziert wird. Der Hauptunterschied ist die Herleitung aus der indigenen Tradition.

Hinter dem Raubbau, der an der Natur betrieben wird, droht die Wiederentdeckung der kulturellen Wurzeln zu verblassen. Das Prinzip, das auf dem Papier und in der Theorie so gut klingt, ist in der Realität nur wenig greifbar, und es wird durch das tatsächliche Handeln der Regierung ad absurdum geführt. *Buen vivir* kann als Theorie Impulse für die Diskussion über Wirtschaftswachstum und den Umgang mit Ressourcen geben – ohne Zweifel haben wir gewaltige ökologische Probleme auf der Erde, und die Ansätze, die aus dem indigenen Denken kommen, könnten wichtige Beiträge sein, um sie zu lösen. Aber als Verfassungsprinzip, das Bolivien zu einem nachhaltig wirtschaftenden Land werden lassen sollte, ist es nach meinem Eindruck überbewertet.

Raubbau für den guten Zweck

Lange hielt sich in Bolivien, diesem wenig entwickelten, ja rückständigen Land, der Ressourcenverbrauch vergleichsweise in Grenzen, doch seitdem die MAS-Regierung in Sachen Entwicklung alles daransetzt, aufzuholen, hat sich das geändert. Evo Morales hat die »Agenda Patriótica 2025« ausgerufen. Zum 200. Jahrestag der Unabhängigkeit Boliviens soll eine ganze Reihe ehrgeiziger Entwicklungsprojekte umgesetzt werden. Dazu gehören Straßen und das Eisenbahnnetz, Atomkraftwerke und Staudämme, außerdem Investitionen in Bergbau und Agrarwirtschaft. Mit den Erlösen soll die Armut verringert und für alle Bolivianer eine Grundversorgung gewährleistet werden. Sozialwissenschaftler sprechen in diesem Kontext von »Neo-Extraktivismus«, von einem Entwicklungsmodell, das auf der Ausbeutung natürlicher Ressourcen beruht, bei dem aber anders als früher die Gewinne weniger an private Konzerne als in Entwicklungs- und Sozialprogramme fließen. Doch für die Natur macht das keinen Unterschied, der Neo-Extraktivismus ist womöglich sogar noch schädlicher, da im Interesse des »großen Ganzen« Diskussionen im Kern unterdrückt werden. »Diese Leute, die gegen die Atomkraft opponieren, sind Feinde Boliviens, Feinde der Entwicklung des Landes, sie sind Feinde der Befreiung«, war beispielsweise das Totschlagargument von Evo Morales gegen die Bedenken von Umweltschützern. Ähnliches war zu hören, als es um andere Umweltbelange ging.

39 Kilogramm Kadmium, 73 Kilogramm Blei und 821 Kilogramm Arsen. Das sind die Schwermetalle, die nach einer Studie der Umweltingenieurin Helga Gruberg Cazón aus Cochabamba täglich in das Becken des inzwischen ausgetrockneten Lago Poopó eingeleitet werden. Die Folgen sind eine deutliche Abnahme der Produktivität in der Landwirtschaft, verendende Tiere und solche mit Missbildungen – sowie Menschen, die mit stark verunreinigtem Wasser kochen, sich damit waschen und dadurch an gesundheitlichen Problemen leiden. Dabei ist die Region nur ein Bergbaugebiet von vielen. Diese Probleme mit den Minen gibt es seit vielen Jahrzehnten, die Kontrollen zur Durchsetzung der Umweltgesetze waren in Bolivien schon immer schlecht. Neu ist nur, dass inzwischen nicht nur ausländische Konzerne an den Minen beteiligt sind, sondern auch der Staat, und der geht die lokalen Vertreter der Gemeinden, die versuchen, gegen die Umweltverschmutzung vorzugehen, rüde an. Da hilft es auch nichts, dass sie daran erinnern, dass Evo Morales selbst 2011 vor der UN gefordert hat, den Zugang zu sauberem Wasser zum Menschenrecht zu erklären. »Wenn wir die Rechte der Mutter Erde nicht respektieren, können wir auch die Menschenrechte nicht respektieren«, sagte er in einer anschließenden Pressekonferenz, aber das war wohl eher an die Weltgemeinschaft als an die eigenen Behörden gerichtet.

Auch bei Bergbaukooperativen wird darauf verzichtet, Umweltstandards durchzusetzen. Die Auflagen, die den Bergarbeitern in Potosí gemacht wurden und wegen denen wir dort mal im *bloqueo* feststeckten, sind auch von der MAS-Regierung nicht wieder aus der Schublade geholt worden. Im Amazonasgebiet und am Titicacasee leben Tausende Menschen davon, Gold zu waschen. Um es aus dem Gestein zu lösen, verwenden sie Quecksilber. Ich habe mir das einmal angeschaut. Ohne Mundschutz, ohne Handschuhe, ohne Auffangbecken, einfach so am Ufer eines Baches wird das Schwermetall in großen Mengen in das zerkleinerte Gestein gekippt. Es bindet die Goldkörner, und wenn man es anschließend über dem Feuer verdampft, bleibt reines Gold zurück. Die Dämpfe gelangen ungefiltert in die Luft, und die Reste werden einfach in den Bach gekippt. Das ist nicht nur für die Goldschürfer schwer gesundheitsschädlich, sondern verseucht auch die Umwelt. Sowohl im Titicacasee als auch in den Amazonasflüssen wurden bei Fischen so stark erhöhte Belastungen durch Schwermetalle festgestellt, dass der Verzehr als gesundheitsschädlich gilt. Denn Quecksilber ist ein zentrales Nervengift, das schwer organschädigend wirkt, ein Ultragift, das die Weltgemeinschaft eigentlich aus der Umwelt entfernen will. Doch mit aktiver Unterstützung aus Bolivien ist dabei derzeit nicht zu rechnen.

Ähnlich wie den Gemeinden im Hochland, die sich gegen Bergbauprojekte wehren, geht es den Dörfern im Tiefland, die sich von den geplanten Staudämmen bedroht fühlen. Weil die Gasreserven zur Neige gehen, will Bolivien neue Einnahmequellen erschließen und nach dem Vorbild von Paraguay zum Exporteur von Strom werden, der aus Wasserkraft gewonnen wird. Am Río Beni sollen bei El Chepete und El Bala gleich zwei Staudämme entstehen, die 3700 Megawatt Strom für Brasilien produzieren können. Machbarkeitsstudien dazu gibt es, Studien zur Auswirkung auf die Umwelt nicht. Klar ist jedoch, dass die Staudämme eine Fläche von der Größe von La Paz überschwemmen würden, auf der rund 5000 Indigene seit Generationen von Subsistenzwirtschaft leben. Außerdem würden Teile der Nationalparks Pilón Largas und des Madidi unter Wasser gesetzt, die beide in einem Gebiet liegen, das die weltweit höchste Artenvielfalt aufweist.

Wären die betroffenen Indigenen Aymara oder Quechua, so wäre Evo Morales womöglich zurückhaltender mit diesen Projekten. Das zumindest werfen ihm Kritiker vor, die sagen, er würde vornehmlich die beiden größten Volksgruppen aus dem Hochland unterstützen. Wie am Beispiel des Lago Poopó deutlich wird, werden durchaus auch indigene Gemeinden aus dem Altiplano übergangen, doch sind es eher die kleinen Völker aus dem Amazonasgebiet, die nicht gefragt werden, wenn in ihren Territorien Großprojekte geplant sind oder Bauern aus dem Hochland neue Siedlungsflächen suchen. So wie im Nationalpark Isiboro.

Coca im Nationalpark

In zerrissenen Shorts und T-Shirts stehen die Abgesandten der Yuracaré-Indianer am Wegesrand und warten auf die Gäste. Don Freddy sagt nicht viel, er nimmt das Gepäck auf die Schulter und läuft voran auf einem schmalen Pfad, der sich durch dichtes Unterholz bis an einen Fluss schlängelt. Der nach einem Regenguss braun schäumende Rio Isiboro markiert die Grenze zum gleichnamigen Nationalpark. Mehrere Stunden waren wir bis hierhin quer durch das Cocaanbaugebiet des Chapare unterwegs. Don Freddy hilft uns beim Einsteigen in das wackelige Kanu, das aus einem einzigen Baum gefertigt ist, und manövriert uns durch die Stromschnellen.

Nach einem kleinen Fußmarsch erreichen wir wenig später am Ufer einer kleinen Lagune sein Dorf. Die Hütten der zwölf Familien stehen auf Pfählen, über Leitern klettert man auf einen aus Blättern geflochtenen Zwischenboden, auf dem Schlafstätten eingerichtet sind. In der gesamten Konstruktion steckt kein einziger Nagel, die Querhölzer sind mit Lianen an den Stützpfeilern festgezurrt. So haben die Yuracaré schon vor Jahrhunderten gebaut. Doña Maria Luz schuppt frisch gefangene Pirañas und brät sie an Holzstecken über einem offenen Feuer. Wer hierherkommt, hat anfangs das Gefühl, in dem beschaulichen dörflichen Leben ein Eindringling zu sein. Doch die Besucher werden nicht als Störenfriede, sondern eher als Retter betrachtet. »Wir sind zwar noch nicht richtig daran gewöhnt, Fremde hierzuhaben, und wir wissen nicht so genau, was die Gäste sich wünschen. Aber wir sind froh, dass sie kommen, denn der Tourismus ist für uns die letzte Überlebenschance«, erklärt Don Freddy.

Bis vor einer Generation waren die Yuracaré Jäger und Sammler, die von dem lebten, was der Urwald ihnen bot. Doch ihr Lebensraum wird immer kleiner, die Gebiete sind längst nicht mehr groß genug, um darin umherzuziehen. Der Stamm löst sich langsam auf, gerade mal 200 Familien leben noch in dem zugewiesenen Areal. Und das schrumpft, denn in dieser Gegend gedeiht der lukrative Cocastrauch, und es kommen immer mehr Siedler aus dem Hochland auf der Suche nach Anbauflächen für das »grüne Gold«.

Eigentlich haben nur die Yuracáre, die Moxeño und die Chimán das Recht, im Isiboro Nationalpark zu siedeln, das Land gehört ihnen und steht unter ihrer Verwaltung. Doch nach dem Regierungswechsel wurden frei nach dem Motto »Wir sind alle *indígenas* und haben alle dieselben Rechte« solche territorialen Ansprüche in Frage gestellt. Der Generalsekretär der bolivianischen Bauerngewerkschaft CSUTCB verwies in diesem Zusammenhang auf die angekündigte Landreform: Wer große Ländereien besitzt und sie nicht bewirtschaftet, kann enteignet werden. Das träfe auch auf die indigene Tieflandbevölkerung zu, die ihr Land weniger bestellt als durchstreift. Sei es nicht diskriminierend, dass »kleine Gruppen immense Territorien besitzen, während die Mehrheit der Bauern im Hochland winzige Schollen bearbeitet«?

Die neuen Siedler roden den Urwald und legen Cocafelder an. Auf Google Earth lässt sich gut ausmachen, wie die so entstandenen Felder Wunden in den Dschungel reißen. Die Yuracaré haben keine Möglichkeit, die Bauern zurückzudrängen, und auch keine Lobby in der Regierung, die sie verteidigen würde. Im Gegenteil, die Regierung hat lange eine schützende Hand über die illegalen Cocafelder gehalten und erst 2017 sehr zögerlich damit begonnen, auf einigen davon die Büsche auszureißen. Gleichzeitig meldete das UN-Büro für Drogen- und Verbrechensbekämpfung, der Cocaanbau habe in den Nationalparks weiter zugelegt.

TIPNIS steht eigentlich für Territorio Indígena y Parque Nacional Isiboro Securé, doch die Abkürzung ist zum Synonym für das erste umstrittene Großprojekt der MAS-Regierung geworden. 2009 holte Evo Morales alte Pläne zum Bau einer Straße aus der Schublade, die die Orte Villa Tunari im Chapare und San Ignacio de Moxos im Tiefland verbinden und dabei das Gebiet des Nationalparks durchqueren soll. Diese Straße, so hieß es in der Begründung, werde den Warentransport aus dem Osten Boliviens und aus Brasilien in Richtung Pazifik erleichtern und damit einen Beitrag zur wirtschaftlichen Entwicklung Boliviens leisten. Beschlossen wurde der Bau ohne das nötige Umweltgutachten und auch ohne die vorherige Absprache mit den ansässigen indigenen Völkern, durch deren Territorium die Straße führen soll.

Für die Opposition ist das Straßenprojekt ein gefundenes Fressen. Es ist schon erstaunlich, wie vehement sich die weißen Bürger von Santa Cruz plötzlich für die Rechte der Ureinwohner im Nationalpark einsetzen. Es gab Demonstrationen, Mahnwachen, ja sogar Hungerstreiks, und es darf durchaus bezweifelt werden, dass die obere Mittelschicht sich so sehr mit den Yuracaré solidarisiert hätte, wenn die Straße das Projekt einer bürgerlichen Regierung gewesen wäre. Jedenfalls gelang es diesem ungleichen Bündnis tatsächlich, den Bau aufzuhalten. Bislang reicht die Straße bis etwa in die Mitte des Nationalparks und ist Einfallstor für noch mehr Cocabauern, die immer weiter in das Gebiet der Tieflandindigenen vordringen und darüber Gerätschaften zu und die Ernte von ihren Feldern bringen. Außerdem erleichtert die Straße es Holzfällern, ihrer illegalen Arbeit im Schutzgebiet nachzugehen. 2017 hob Evo Morales sogar den Schutz des Nationalparks auf, die Begründung dafür war wieder ein Plädoyer für den Fortschritt, denn solange der Park unantastbar sei, könne man dort weder Schulen noch Krankenhäuser oder Trinkwasserleitungen bauen, und die kämen ja auch den Tieflandindigenen zugute. Er berief sich dabei auf die Zustimmung der ansässigen Völker.

Fragt man allerdings Don Freddy, so klingt das ganz anders. Ihm wäre es am allerliebsten, wenn die Yuracaré einfach wie seit ewigen Zeiten weiter in Ruhe auf ihrem angestammten Gebiet hätten leben können. Dass er nun Touristen empfängt, ist für ihn weniger eine freiwillige Öffnung nach außen als eine letzte Chance. »Wenn Touristen zu uns kommen, verschafft uns das eine Stimme, denn dann bekommen wir Aufmerksamkeit und können nicht mehr so einfach ignoriert werden«, erklärt er den Einstieg seines Stammes ins Reisegeschäft. »Außerdem können wir so etwas Geld verdienen. Ohne Touristen bleibt uns nur, selbst Wald zu roden, um Coca anzubauen.«

Mit Hilfe einer deutsch-bolivianischen Initiative haben die Yuracaré deshalb ein Programm für Ökotouristen entworfen: Wanderungen durch den ursprünglichen Regenwald mit Erklärung der verschiedenen Pflanzen gehören dazu, ebenso nächtliche Kanuausfahrten zur Kaiman-Beobachtung. »Das Projekt will den Yuracaré mit dem Tourismus eine Alternative zum Cocaanbau bieten und so zum Erhalt der Kultur dieses Stammes beitragen«, sagt Bastian Müller. Der Münchner ist einer der Initiatoren des Ökotourismus-Programms. Wer möchte, kann beim Aushöhlen eines Einbaums mithelfen oder lernen, wie traditionelles Kunsthandwerk hergestellt wird, kann sich mit Pfeil und Bogen versuchen oder beim Fischen mit anpacken. Übernachtet wird nicht in einer Lodge oder im Zelt, sondern in einer traditionellen Hütte, selbstverständlich ohne Strom, dafür mit nächtlichem Urwaldkonzert. Das moderne Leben scheint hier unendlich weit weg zu sein – so lange, bis plötzlich von irgendwo aus der Ferne das Knattern einer Motorsäge herüberklingt.

Grüne Wüste im Tiefland

Je nachdem, wann man in den Yungas, den zum Tiefland hin abfallenden Andenhängen ist, hat man mal einen phantastischen Blick über die Berge oder sieht kaum über das Tal hinweg, weil es voller Dunst ist. Letzteres ist immer häufiger der Fall, und es ist keineswegs der Nebel, wie man in der Region der Bergnebelwälder vielleicht vermuten würde, der den Himmel so verschleiert, dass manchmal die Sonne kaum durchkommt und es geradezu kühl wird. Nein, es ist der Rauch der Brandrodungen, der aus dem Tiefland gen Westen zieht und in den Bergen hängenbleibt. Manchmal riecht man es sogar, dass weiter unten große Flächen abgebrannt werden. Früher kam dieser Rauch aus Brasilien. Fuhr man um die Jahrtausendwende mit dem Bus durch das Amazonasgebiet im Nordosten Boliviens nach Brasilien, so wusste man nach Passieren der Grenze sofort, dass man in einem anderen Land war. Statt wie in Bolivien gerade noch durch dichten Urwald führte die Straße nun in Brasilien vorbei an Viehweiden, auf denen noch die verkohlten Reste von Baumriesen standen. Ganz ähnlich war es, wenn man im Südosten vom Departamento Santa Cruz in den brasilianischen Bundesstaat Mato Grosso do Sul reiste und plötzlich statt ursprünglicher Savanne riesige Sojafelder sah.

Diese Unterschiede im Landschaftsbild werden von Jahr zu Jahr geringer, denn inzwischen schwindet die Natur Boliviens genauso schnell wie in den Nachbarländern. Und während sich in Brasilien die Abholzung verlangsamt hat, nimmt sie in Bolivien immer mehr Fahrt auf, inzwischen gehört es zu den vier Ländern, in denen am meisten Wald vernichtet wird. 350 000 Hektar werden jedes Jahr gerodet, um der Landwirtschaft Platz zu machen. Viehzucht, Mais, Getreide, Reis und Zucker werden angebaut. In den 2000ern waren es noch 270 000 Hektar Regenwald und Savanne, die jährlich verloren gingen.

Nahrungsmittelsicherheit und Ernährungssouveränität sind die Stichworte, mit denen das gerechtfertigt wird, doch eigentlich geht es um Devisen. Denn auf der Hälfte dieser Flächen wird, zu einem guten Teil auch gentechnisch veränderte, Soja angebaut, die für den Export bestimmt und eine wichtige Einnahmequelle geworden ist. 2015 wurden zwei Millionen Tonnen davon für einen Gegenwert von fast einer Milliarde Dollar hauptsächlich von dem multinationalen Unternehmen Cargill aufgekauft und exportiert. Fünf Prozent des Bruttoinlandsproduktes wurden so erwirtschaftet. Davon, Großgrundbesitzer mit mehr als 5000 Hektar im Rahmen der Landreform zu enteignen, spricht schon länger niemand mehr. Kein Wunder, dass die *latifundistas,* Großgrundbesitzer im Südosten des Landes, einst erbitterte Gegner von Evo Morales, heute zu seinen Unterstützern zählen.

In Paraguay, dem südöstlichen Nachbarland Boliviens, habe ich mir einmal angeschaut, was das bedeutet, Sojaanbau. Stundenlang fuhren wir durch das immer selbe Grün der Felder. Einmal passierten wir eine Kirche und einen Friedhof. Beides war stehen geblieben, nachdem die Kleinbauern des noch zehn Jahre zuvor hier existierenden Dorfes ihre Häuser und Felder einem Großgrundbesitzer verkauft hatten, der die Fläche umstandslos seiner immer größer werdenden Sojafläche zugeschlagen hatte. Nur die Kirche und die Grabsteine durfte er nicht abreißen. Es ist gespenstisch, durch diese grüne Wüste zu fahren. Man sieht keine Menschen, hört tagsüber keine Vögel und nachts keine Grillen. Stattdessen ab und an ein Flugzeug, das Pestizide versprüht, und zur Erntezeit riesige Maschinen. Soja anzubauen lohnt sich nur, wenn man es im großen Stil tut und sich der Einsatz des Maschinenparks rechnet. Bäume, Brachflächen, andere Feldfrüchte oder gar Kleinbauern, auf die man Rücksicht nehmen müsste, stören nur.

So wie Doña Evangelista Postillo, die ich besuchte. Sie war die letzte verbliebene Bäuerin der Region. Ihre zehn Hektar Land, auf denen sie in einem einfachen aus ungehobelten Brettern gebauten Haus lebte, war von Soja regelrecht umzingelt. Manchmal, wenn die Sprühflugzeuge kamen, waren am nächsten Tag ihre Hühner tot und sie selber bekam einen Ausschlag. »Eigentlich«, so sagte sie, »gibt es ein Gesetz, das einen Mindestabstand zu den Nachbarn und zu Bächen vorschreibt, und außerdem müssten sie Bäume am Rand ihrer Felder pflanzen, damit sich das Gift nicht so verteilt. Aber die Großgrundbesitzer halten sich einfach nicht daran. Und wir können nichts dagegen tun.« Das Pflanzengift vernichtete alles Unkraut und Ungeziefer, nur die gentechnisch veränderten Sojapflanzen überlebten. Weil die Felder von Doña Evangelista Postillo weit und breit die einzige unbehandelte Fläche waren, suchte alles Ungeziefer dort Zuflucht und vernichtete ihre Ernte. Als ich mit ihr sprach, wusste die 53-Jährige nicht, wie lange sie noch durchhalten würde, bis sie doch ihr Land an die Unterhändler des Großgrundbesitzers verkaufen müsse. Die sprachen regelmäßig vor und machten Druck. »Ich habe Angst vor dem Tag, an dem ich es nicht mehr schaffe und mein Land verkaufen muss. Dieser Tag wird kommen, denn hier gewinnen immer die Mächtigen«, sagte sie und weinte dabei.

Das ist wie gesagt eine Geschichte aus dem Nachbarland Paraguay, aber auch aus Bolivien hört man inzwischen Ähnliches. Indigene Kleinbauern, die ihre Felder naturnah bewirtschaften, klagen über verwehte Pestizide von den Sojaflächen, über Einschüchterungen, die sie zum Verkauf ihres Landes bringen sollen, ja sogar von Schlägertrupps ist die Rede. Wenn es eine Förderung der Landwirtschaft gibt, dann hauptsächlich die von Monokulturen, etwa durch Subventionen von Treibstoff für schweres Gerät. Für die Kleinbauern dürfte die Situation in den nächsten Jahren kaum besser werden, im Gegenteil: Künftig soll auf 10 Millionen Hektar Soja angebaut werden – die Hälfte davon muss erst noch gerodet werden. Gerechtfertigt wird das wieder mit dem Wohl des großen Ganzen und einem Blick zu den Nachbarn: »Brasilien hat in zwei Regierungsperioden 30 Millionen Brasilianer aus der extremen Armut befreit. Aber Brasilien hat auch mehr als eine Million Hektar des Amazonas abgeholzt. Vielleicht eine sehr heftige Maßnahme, aber man muss Kosten und Nutzen betrachten«, erklärte der Chef des staatlichen Ressourcenmanagementprogramms Sustentar.

Fluch und Segen des Quinoabooms

Der Altiplano, die Hochebene Boliviens, ist bekanntlich ein lebensfeindlicher Ort: 4000 Meter hoch gelegen, trocken, kalt, windig. Und trotzdem wächst hier etwas, das die Menschen ernährt: Quinoa. »Ein Geschenk der Götter«, sagen die Bewohner der Region. Quinoa wird im Andenhochland schon seit vielen Jahrhunderten angebaut und ist die einzige Pflanze, die in der steinigen, trockenen Wüste ohne zusätzliche Bewässerung gedeiht. Sie ist äußerst nahrhaft und gesund und gehörte bereits bei den Inka zu den Grundnahrungsmitteln.

Das Geschenk Gottes ist nicht umsonst. Nur wer es pflegt und schützt, wird es erhalten. Um das zu tun, steht Doña Lydia auch heute wie jeden Morgen um fünf Uhr in der Frühe auf, kocht ein herzhaftes Frühstück aus Quinoa und Lamafleisch und macht sich auf den Weg. Nicht zu ihren Feldern, sondern in entgegengesetzte Richtung zu ihren Lamas. Wer Quinoa anbauen will, braucht Lamas, denn so anspruchslos die Pflanze auch sein mag, sie braucht den Dung der Kleinkamele, um zu gedeihen. Doña Lydia ist 55 Jahre alt und hat ihr ganzes Leben in dem Dörfchen San Pedro de Quemez verbracht. Sie hat sich ein wollenes Tuch um die Schultern gewickelt, denn noch ist die Sonne nicht aufgegangen, und auf der Hochebene weht der Wind eisig kalt. Nach sechs Kilometern hat sie die Weidegründe ihrer Lamas erreicht. 120 Tiere sind es, die mit fast hochmütigem Blick zwischen den stacheligen Büschen entlangschreiten. Doña Lydia erkennt jedes einzelne an seiner Zeichnung und spricht es mit Namen an. Sie liebt Lamas, seit sie ein kleines Mädchen war, und zieht verwaiste Tiere liebevoll mit der Flasche auf. Doña Lydia treibt die Herde zusammen und führt sie an eine ganz bestimmt Stelle. »Hier will ich nächstes Jahr Quinoa pflanzen«, sagt sie.

Jahrelang hat Doña Lydia mit ihrer Quinoa gerade so überleben können. Sie ernährte sich davon, aber Geld war damit nicht zu verdienen. »Manchmal kamen Händler mit Lastwagen und Säcken voller Lebensmittel. Für einen Sack Mehl oder Zucker verlangten sie zwei Säcke Quinoa. Wir hatten keine Wahl, wir mussten unsere Quinoa mehr oder weniger verschenken, denn es gab keinen Markt dafür«, erinnert sich Doña Lydia.

Das hat sich in den Jahren zwischen 2011 und 2014 gründlich geändert. Quinoa erlebte einen ungeahnten Boom. Die Pflanze enthält viele Proteine und ist damit ein idealer Ausgleich für Vegetarier, die auf tierisches Protein verzichten. Außerdem müssen immer mehr Menschen aus Allergiegründen auf Gluten verzichten. Mit Quinoa können sie herkömmliche Nudeln, Frühstücksflocken und Mehl aus Weizen ersetzen. So ist die Nachfrage nach dem »Korn der Inka« weltweit steil angestiegen. Für die Bauern im Hochland Boliviens brachen damit goldene Zeiten an, denn zum ersten Mal konnten sie auf ihren kargen Wüstenböden etwas produzieren, das wirklich Geld einbrachte. Für einen Sack Quinoa bekamen sie zur besten Zeit vier Säcke Mehl, Zucker, Reis oder Nudeln.

Doch der Boom der Quinoa ist gefährlich. »Alle wollen so viel wie möglich damit verdienen«, erklärt Grover Cayo, Repräsentant der Kooperative Anapqui, in der sich Quinoabauern zusammengeschlossen haben. »Plötzlich erinnern sich die Kinder oder Enkel von Leuten, die vor Jahrzehnten in die Stadt abwanderten, daran, dass sie ja noch ein bisschen Land im Altiplano besitzen. Überall werden jetzt Büsche gerodet und Quinoafelder angelegt. Aber wenn wir die Quinoa nicht behutsam und nachhaltig anbauen, dann werden wir bald gar nichts mehr haben.« Die karge Ebene des Altiplano ist für den intensiven Anbau nicht geeignet. Das bisschen fruchtbare Erde im Sand ist das Ergebnis jahrhunderterlanger Beweidung mit Lamas. Werden die stacheligen Büsche gerodet und der Boden mit Traktoren aufgebrochen, ist die Erde dem unwirtlichen Klima schutzlos ausgesetzt. Das geschieht mit Traktoren und Pflügen, die den Dorfgemeinschaften im Rahmen des Programms »Evo cumple« kostenlos zur Verfügung gestellt wurden und die Teil des Entwicklungsprogramms für den ländlichen Raum sind und die Produktivität erhöhen sollen. Nachhaltig ist das nicht. »Das da ist das große Problem«, sagt Grover Cayo und zeigt auf eine Windhose, die in einem großen Wirbel Staub davonträgt. »Was da verschwindet ist das bisschen Humus, das wir hier haben.«

Kann man es den Bauern verdenken, dass sie endlich einmal Geld verdienen und nicht immer nur am Existenzminimum leben wollen? Anapqui versucht einen Mittelweg zu finden, der beidem gerecht wird, dem Gedanken der Nachhaltigkeit und dem Bedürfnis der Bauern nach einem brauchbaren Auskommen. Dabei spielt der Faire Handel mit seiner zusätzlichen Prämie für nachhaltigen Anbau eine entscheidende Rolle. »Wir verwenden die Prämie hauptsächlich, um damit Agraringenieure zu bezahlen, die unseren Mitgliedern beibringen, wie sie Quinoa möglichst umweltschonend anbauen können«, erklärt Grover Cayo. Dazu gehört vor allem der Schutz der Erde. Damit die Krume nicht so leicht vom Wind davongetragen wird, sollen die Felder nach und nach mit Mauern aus Steinen umgeben werden. Eine mühsame und zeitraubende Arbeit. Vor allem aber muss die Qualität des Bodens erhalten werden. Damit sich die Erde erholen kann, werden immer abwechselnd ein Jahr lang Quinoa gepflanzt und dann wieder Lamas über das Feld getrieben. »Das ist eine langwierige Arbeit. Aber die Produzenten leben von der Quinoa und müssen dafür sorgen, dass sich die Erde ausruhen kann.«

Noch bevor der plötzliche intensive Anbau der Pflanze dem Boden im Altiplano den Garaus machte, flaute der Boom auch schon wieder ab, zumindest in Bolivien. Denn innerhalb kürzester Zeit begannen weltweit Bauern damit, Quinoa zu pflanzen. Es entstanden neue Züchtungen, die auch in weniger harschem Klima gedeihen, wo man sich keine Sorgen um Lamadung und Windhosen machen muss. Heute wird Quinoa vor allem in Peru, aber auch in den USA, Indien und China produziert. Die mühsam dem Wüstenboden abgerungene Quinoa ist nicht mehr konkurrenzfähig, die Preise verfielen, und Doña Lydia steht wieder da, wo sie vor dem Boom stand.

Der Müll und die Mücken

Das enorme Wachstum wird nicht nur auf Kosten der Natur finanziert, sondern hat auch direkte Auswirkungen auf die Umwelt. Müll und Abwasser sind längst nicht nur ein optisches Problem, sondern werden zu Gesundheitsrisiken. Wenn es in Santa Cruz anfängt zu regnen, überprüft Dr. Juan Antonio Flores vom

Kolping-Gesundheitszentrum noch einmal seinen Vorrat an Paracetamol und bestellt im Zweifel größere Mengen nach. Denn wenn es regnet, dann dauert es noch fünf bis sieben Tage, bis die Tigermücken schlüpfen und beim Stechen die Dengueviren auf Menschen übertragen. So wie jedes Jahr zur Regenzeit. Wie hart trifft es die Stadt diesmal? Wird es wieder so schlimm wie 2009 mit 34000 Fällen, oder ist es nur ein Zehntel davon, wie 2016?

Das lässt sich vorab schwer sagen, doch Dr. Flores hat beobachtet, dass es eher schlimmer als besser wird, und er hat auch eine Theorie, warum das so ist. »Bei Dengue werden mangelhafte Infrastruktur und fehlende Planung ganz unmittelbar zu einer Gefahr für die Gesundheit«, erklärt er. »Die Stadt wächst wie verrückt, ohne jede Kontrolle. Die Menschen bauen ihren Hütten, wo sie gerade Platz finden. Die Leute wohnen am Rande von Müllhalden in Gegenden, die mit dem Denguevirus verseucht sind.« Das Gesundheitszentrum, in dem Dr. Flores arbeitet, steht am Rande einer solchen wilden Siedlung, in der sich die Denguefälle häufen. Hier, sagt er, findet die den Denguevirus übertragende Tigermücke optimale Bedingungen. »Den Mücken reichen schon kleinste Mengen Wasser, um sich zu vermehren. Etwa ein herumliegender Flaschendeckel, in dem sich der Regen sammelt. Sie haben ihre Eier darin schon lange vorher abgelegt. Wenn die nun mit Wasser in Berührung kommen, dauert es nur fünf bis sieben Tage, bis die nächste Generation verseuchter Mücken geschlüpft ist.«

Bewohner von Vierteln neben Müllkippen sind besonders gefährdet, doch Dengue breitet sich überall aus, wo Müll herumliegt. Also eigentlich überall, denn es gibt selbst in den wohlhabenden Vierteln keine Straßenreinigung, die dafür sorgen würde, dass wirklich aller Müll aus den Straßengräben und Büschen entfernt wird. Dabei wäre das flächendeckende Einsammeln des Mülls kurz vor der Regenzeit eine ebenso einfache wie wirksame Methode, um die jährliche Dengue-Epidemie in Santa Cruz zu bekämpfen. Jedes Jahr weisen die Ärzteteams die Behörden aufs Neue darauf hin, wie wichtig eine solche Aktion wäre.

Doch die Appelle verhallen ungehört, und das macht Dr. Flores sauer. Schließlich ist Vorbeugung die einzige Möglichkeit, um die Krankheit einzudämmen. »Die Prävention besteht aus zwei wichtigen Säulen: die Leute dazu zu bringen, ihren Müll nicht überall hinzuschmeißen und von Seiten der Behörden das Einsammeln des Mülls. Aber so weit sind wir noch nicht, wir sind ein Entwicklungsland, in dem die Menschen noch nicht verstanden haben, wie die Dinge zusammenhängen.«

Mit breit angelegter Aufklärung eine Epidemie einzudämmen, das kann funktionieren. Das zeigt zum Beispiel eine Kampagne des Roten Kreuzes in Dörfern in Ruanda, wo die Zahl der Malariafälle deutlich gesenkt werden konnte. Vergleichbare Aufklärung über die Zusammenhänge zwischen Müll, Mücken und Denguefieber könnte ähnlichen Erfolg haben. Und der wäre wichtig, denn die Zahl der Denguefälle steigt rasant, und das längst nicht nur in Bolivien. Die Weltgesundheitsorganisation geht davon aus, dass jedes Jahr zwischen 50 und 100 Millionen Menschen mit Dengue infiziert werden.

Dengue ist gerade dabei, Malaria als häufigster von Mücken übertragener Krankheit den Rang abzulaufen. Sie endet seltener tödlich, doch ihr Verlauf ist mindestens ebenso schwer. Aus gutem Grund wird Denguefieber auch als »Knochenbrecherfieber« bezeichnet, denn es kann mit furchtbaren Gliederschmerzen einhergehen. Viele, die daran litten, beschreiben ein Gefühl von vollkommener Schlappheit und Muskelschmerzen. »Selbst die Augen tun weh, wenn man sie bewegt. Man glaubt, dass es gleich mit einem zu Ende geht«, beschrieb mir ein Freund, den Dengue in Santa Cruz erwischte, seinen Zustand. »Vor allem bei Kindern und Alten führt das Fieber von über 40 Grad zur Dehydrierung und infolgedessen oft zum Tode«, warnt Dr. Flores. Medikamente gibt es keine, weder zur Vorbeugung noch zur Behandlung, alles was er tun kann ist Paracetamol gegen die Schmerzen und Elektrolyte gegen die Austrocknung zu geben. »Wenn es gelingt, das Fieber zu kontrollieren, und der Patient gute Abwehrkräfte hat, wird er von selbst wieder gesund.« Gute Abwehrkräfte, die haben eher die ausgewogen ernährten Reichen, wer mangelernährt ist und womöglich mit nicht ausreichend behandelten anderen Infekten zu kämpfen hat, kann der Krankheit wenig entgegensetzen.

Im Tropeninstitut von Santa Cruz analysiert Jelina Roca die Proben, die die Hausärzte bei ihr einschicken. Über die Jahre ist ihr nicht nur aufgefallen, dass sie mehr Proben bekommt, sondern auch, dass sich die Krankheit verändert. »Wir beobachten, dass die Symptome der Krankheit zunehmend schwerer sind als bei den früheren Epidemien. Dass die Krankheit häufiger mit Komplikationen verläuft. Wir sehen hier im Labor, dass sich der Virus verändert. Es gibt neue Typen, und diese Fälle sind schwerer. Die Menschen haben mehr Schmerzen, das Fieber dauert länger, und es gibt mehr Komplikationen.« Außerdem ist Dengue inzwischen nicht mehr die einzige Krankheit, die von der asiatischen Tigermücke übertragen wird. Sie ist auch die Überträgerin für Chikungunya und Zika, auch für diese beiden Krankheiten gibt es bisher keine Medikamente.

Nicht nur bei der Müllentsorgung, sondern auch beim Abwasser fehlt es an der notwendigen Infrastruktur. Mitten durch La Paz fließt ein stinkendes, völlig verdrecktes Gewässer in Richtung einer veralteten und längst an ihrer Kapazitätsgrenze angekommenen Kläranlage. Aber immerhin hat La Paz eine Kläranlage. Anders als die Millionenstadt El Alto. Die Abwässer der Metropole fließen ungereinigt in den Titicacasee. Noch ist der Weg bis dort weit, ein guter Teil versickert unterwegs. Doch es ist absehbar, dass das ständig wachsende El Alto in einigen Jahren bis an die Ufer des »Andenmeeres« reichen wird. »Schon jetzt gibt es in der Bucht kaum noch Fische, auch das Schilf schwindet, und die Anwohner klagen zunehmend über Gesundheitsprobleme«, sagt Alberto Lescano Rivero aus Boliviens Nachbarland Peru, der sich für den Schutz des zu beiden Ländern gehörenden Sees einsetzt und dringend den Bau von Kläranlagen fordert. Genauso wie seine bolivianischen Mitstreiter, die sich aber nicht trauen, ihre Kritik öffentlichen zu äußern (Doch dazu später mehr).

Die Auswirkungen dieser fehlenden Infrastruktur bekommen jedenfalls Menschen wie Teodosio Mamani Canllagua direkt zu spüren. Der neunfache Vater lebt davon, Fische zu fangen, zu räuchern und zu verkaufen. Doch dieser Beruf wirft immer weniger ab. »Den Fisch Karachi fangen wir immer weniger. Den Omante gibt es gar nicht mehr, die Forelle geht auch zurück. Das beunruhigt mich. Als ich ein Kind war, konnten wir noch viele Arten fangen, aber heute geht uns kaum noch etwas ins Netz.« Teodosio Mamani Canllagua wohnt in einer kleinen Hütte direkt am Ufer des Sees. Zum Fischen fährt er schon lange nicht mehr Richtung Copacabana aufs Wasser hinaus, sondern in die andere Richtung, in der das Ufer dünner besiedelt ist. »Die Bucht ist dort einfach viel zu verschmutzt, manchmal stinkt es richtig. Ich mache mir große Sorgen, wovon wir in Zukunft leben sollen, wenn wir den See nicht schützen.«

Für die Floß- und Schiffsbauer der Insel Suriqui stellt sich diese Frage schon jetzt. Sie verwenden das Totora-Schilf als Rohstoff, um daraus Flöße, Schiffe und Hütten zu bauen. Durch die Umweltverschmutzung verfärbt sich das Schilf dunkel und wird, so ihre Erfahrung, für alle Arbeiten unbrauchbar.

Im Griff des Klimawandels

Bolivien gehört zu den Ländern, die besonders stark vom Klimawandel betroffen sind. Es wird wärmer, die Regenfälle werden seltener und gleichzeitig heftiger, und das Wetter im Allgemeinen ist weniger vorhersehbar. »Etwa seit 2010 beobachten wir, dass das Überleben in den Anden für die Bauern immer schwieriger wird«, erklärt Jhonny Herbos von der Organisation Pusisuyu »Das Klima ändert sich, und die Menschen brauchen dringend Lösungen, die ihnen helfen, damit umzugehen.« Es ist eine der himmelschreienden Ungerechtigkeiten unserer Zeit, das ausgerechnet diejenigen, die am wenigsten zum Klimawandel beitragen, am unmittelbarsten davon betroffen sind. Lange vor uns, die wir im globalen Westen als Hauptverursacher die Verantwortung dafür tragen, verlieren sie ihre Lebensgrundlage, und das wirkt sich auch auf die Binnenmigration aus. Die Landflucht hat längst nicht nur damit zu tun, dass sich die Menschen vom Umzug in die Stadt einen bescheidenen Wohlstand erhoffen. Für viele geht es nicht um ein besseres Leben, sondern ums Überleben an sich. Laut einem Report der Vereinten Nationen sind ein guter Teil der Neuankömmlinge in El Alto oder dem Armutsgürtel um Cochabamba Klimaflüchtlinge.

Der schrumpfende See

Strahlend blau leuchtet der Titicacasee unter einem ebenso blauen Himmel vor dem Panorama der Anden mit ihren mehr als 6000 Meter hohen, schneebedeckten Gipfeln. Er hat mit rund 8300 Quadratkilometern fast dieselbe Fläche wie Korsika und ist auf einer Höhe von 3840 Metern gelegen der höchste schiffbare See der Welt. So steht es jedenfalls in den Lexika und Reiseführern. Eigentlich müssten die umgeschrieben und die Zahlen ständig nach unten korrigiert werden, denn so riesig der See auch sein mag, seiner Anwohner beobachten mit Sorge, dass er kleiner wird. »Jedes Jahr wird der Uferstreifen etwas breiter«, sagt Teodosio Mamani Canllagua. Ich stehe mit dem Fischer am Ufer des Sees. Wo wir jetzt stehen, war vor ein paar Jahren noch Wasser. Zwischen der Stelle, an der das Wasser in kleinen Wellen ans Land schwappt und dem Uferstreifen, an dem Büsche und Bäume wachsen, liegen etwa 20 Meter, gut an den runden Steinen zu erkennender trocken gefallener Seegrund. »Es beunruhigt uns sehr, dass der See sich immer mehr zurückzieht«, meint der Fischer.

Teodosio Mamani Canllagua hat von dem, was der Klimawandel ist und was ihn verursacht, nur eine vage Vorstellung, doch er macht die selbe Beobachtung, wie Wissenschaftler und Umweltschützer, die seit der Jahrtausendwende Alarm schlagen: Der Titicacasee schrumpft. Seine Fläche war 2017 um 15 Prozent kleiner als noch im Jahr 2003 und der Wasserspiegel 25 Meter unter dem normalen Niveau. »Es liegt erstens daran, dass es zu wenig Regen gibt. Zweitens versiegen die Bäche, die von den Gletschern auf den Bergen gespeist werden, denn diese sind durch die globale Erwärmung zurückgegangen. Und es gibt eine stärkere Sonneneinstrahlung, die zu mehr Verdunstung führt. All das lässt den See schrumpfen«, fasst der peruanische Umweltschützer Alberto Lescano Rivero die Ursachen zusammen. Wie allarmierend die Lage ist, zeigt sich am Lago Popo, der 280 Kilometer weiter südlich liegt. Oder vielmehr lag. Er war einer der größten Seen Boliviens und ist seit 2015 vollständig ausgetrocknet. Gespeist wurde er vom Titicacasee, dessen Wasserstand so tief gesunken ist, dass der Zufluss, der Río Desaguadero, versiegte. Damit hat eine ganze Region ihr wichtigstes Wasserreservoir verloren, die Bauern können ihre Felder nicht mehr bewässern, und die Fischer sitzen mit ihren Booten buchstäblich auf dem Trockenen.

Nun wird der Titicacasee, der an der tiefsten Stelle knapp

300 Meter tief ist, nicht von heute auf morgen austrocknen. Aber eine andere Gefahr ist sehr real. »Es gibt eine Studie der Vereinten Nationen, die besagt, dass, wenn wir nicht umsteuern, das Wasser des Titicacasees so weit sinken wird, dass er in drei Teile zerfällt«, erklärt Alberto Lescano Rivero. Die Prognosen besagen, dass die Seeenge von Tiquina trocken fallen und den kleinen Teil des Sees vom Großen trennen würde. Der kleine Teil dürfte in zwei einzelne Seen zerfallen, wovon einer die Kloake von El Alto wird, wenn die Stadt nicht doch noch eine Kläranlage bekommt. »Es wird in der Zukunft einen Moment geben, an dem man fragen wird: Warum wurde nichts getan, um diesen wunderschönen See zu erhalten?«, ist das Resümee des Umweltschützers.

Schmelzende Gletscher, Starkregen und Wassermangel

Im gesamten Hochland Boliviens wird das Wasser knapp. Nicht, dass die karge Hochebene vor 50 Jahren eine blühende Landschaft gewesen wäre, das Leben im Altiplano war schon immer hart und entbehrungsreich. Aber die Menschen konnten sich doch darauf verlassen, dass die Bäche im Sommer von den langsam vor sich hin schmelzenden Gletschern der 6000er gespeist und dass die Winter kalt genug würden, um den eisigen Wasservorrat wieder aufzustocken. Doch die Gletscher schwinden. »Wir sagten immer ›der Gipfel hat einen weißen Poncho an‹, aber jetzt sind die Berge nackt«, sagt Macario Quelca Soliz und zeigt auf die Gebirgsketten, die sich braun und kahl am Horizont durch Norte Potosí ziehen. »Wenn es auf den Bergen keinen Schnee mehr gibt, dann versiegen weiter unten die Quellen. Es gibt noch Wasser in den Quellen, das wir nehmen können, aber längst nicht mehr so viel wie früher.« Gletscherschmelze ist überall auf der Welt ein Problem, doch die tropischen Gletscher, zu denen auch die in Bolivien zählen, schwinden besonders schnell. In den letzten 50 Jahren ist bereits die Hälfte aller Gletscher des Landes abgeschmolzen. Es ist warm geworden in den Anden, wärmer, als es jemals in den vergangenen 5000 Jahren war, das konnten Gletscherforscher belegen.

Macario Quelca Soliz wohnt in Norte Potosí in dem Örtchen Arampampa, ein typisches, etwas größeres Andendorf mit Häusern aus Adobeziegeln, welche sich um eine kleine Kirche gruppieren, die dringend einen neuen Anstrich braucht. Er ist Bauer, lebt vom Kartoffelanbau und ist dringend auf ausreichend Wasser angewiesen. Dass es gerade heftig geregt hat und die Bäche voll sind, tröstet ihn nicht, denn der Regen kam zur Unzeit. »Unsere Landwirtschaft hängt von der Jahreszeit ab und davon, dass es regnet. Wir setzen unsere Kartoffeln im Frühjahr, dann brauchen sie Regen. Doch der hat sich verspätet, statt im September kam er erst im Dezember, Januar und Februar.« Vor 30 Jahren war das anders: Da fing die Regenzeit im September an und dauerte bis März. Über ein halbes Jahr verteilt fiel die Menge, die heute in drei Monaten sintflutartig vom Himmel niederstürzt. Wenn es regnet, dann sehr intensiv, alles auf einmal. Die Erde kann das viele Wasser nicht aufnehmen, und die Flüsse tragen es davon. Die Fluten reißen auch die fruchtbare Erde mit sich, Erosion ist eine weitere Folge des Klimawandels. Außerdem steht das Tiefland in der Gegend um Trinidad inzwischen regelmäßig unter Wasser, dann sind ganze Ortschaften wochenlang von der Außenwelt abgeschnitten.

Deshalb geht Macario Quelca Soliz, so wie viele, inzwischen auf den Markt, nicht um die Knollen zu verkaufen, sondern um sie einzukaufen. Weil der Wassermangel die Existenz Hunderttausender Bauern in den Anden gefährdet und sie in die Elendsviertel der Städte migrieren lässt, hat die Gesellschaft für Internationale Zusammenarbeit (GIZ) einen ihrer Arbeitsschwerpunkte in Bolivien auf genau dieses Thema gelegt und bemüht sich, Lösungen für die Bauern zu finden. Einige Jahre lang baute sie Wasserrückhaltebecken. »Die fassen etwa 1500 Kubikmeter. Darin wird das Regenwasser gesammelt und kann zur Bewässerung genutzt werden«, erklärte mir Joachim Picht, der 2013 die Projekte der GIZ zur nachhaltigen ländlichen Entwicklung in der Region Norte Potosí koordinierte. So ein 20 mal 30 Meter großes Wasserrückhaltebecken wird am Fuße eines Hanges gebaut. Es muss oberhalb von den zu bewässernden Äckern liegen, der Hang darf nicht zu steil sein und muss ein großes Wassereinzugsgebiet haben. Der Bau ist ausgesprochen aufwendig. Erst einmal braucht man oberhalb dieses Auffangbeckens Kanäle, um das Wasser aufzufangen, und unterhalb benötigt man dann ein kleines Verteilsystem, mit dem das Wasser auf die Felder geleitet wird. Damit es nicht verdunstet, sollten Röhren installiert werden. Das Wasser eines Beckens reicht nur für eine Ackerfläche von etwa 2500 Quadratmetern. Die Bauern müssen für ihr Becken zwar eine Eigenleistung in Form von 70 Tagen Mitarbeit erbringen, die Kosten des Projektes sind dennoch erheblich. Der Bau eines Regenrückhaltebeckens kostet etwa 6000 Dollar. Im Rahmen der allgemeinen Entwicklungshilfe ist das doch ein hoher Beitrag für nur eine Familie. Die Becken werden zwar weiter genutzt, doch inzwischen ist das Projekt der GIZ ausgelaufen, es ist zu aufwendig und zu teuer, alle betroffenen Andenbauern mit Becken zu versorgen.

Nicht nur auf dem Land, auch in den Städten macht sich der Wassermangel bemerkbar, und das nicht nur in Cochabamba, der Stadt der Dauerwasserkrise, sondern im ganzen Land. Eine Freundin aus Schultagen und heute Mitarbeiterin der GIZ, Dr. Andrea Kramer, leitet seit 2016 in Bolivien ein Programm zur Verbesserung der Trinkwassser- und Sanitärversorgung. Kurz nachdem sie nach La Paz versetzt worden war, schrieb sie mir eine E-Mail, aus der schnell klar wurde, wie dringend das Thema Wasser auch in La Paz angegangen werden muss: »Anfang November wurden wir alle von einer Wasserknappheit überrascht, die La Paz so in den letzten 40 Jahren nicht gesehen hat. 2016 geht wohl als heißestes Jahr der letzten 40 Jahre in die Geschichte ein, und ein Resultat davon sind leere Staubecken. Diese dienen den

Städten La Paz und El Alto als zentrale Trinkwasserquellen. Doch die Trockenheit – die zudem nicht nur La Paz, sondern aktuell sechs der neun Departamentos Boliviens betrifft und durch das Klimaphänomen El Niño verursacht wird – ist nicht der alleinige Auslöser der Krise. Die Stadt ist immens gewachsen, ohne dass neue Quellen erschlossen wurden; die kommerziellen und technischen Wasserverluste sind hoch, und eine Kultur des Wassersparens hat sich bislang nicht wirklich durchsetzen können. Zudem schien niemand darauf vorbereitet gewesen zu sein, obwohl wir schon Anfang Oktober bei einem Ausflug hoch über die Stadt hinaus mit eigenen Augen hatten feststellen können, dass in zwei der Staubecken so gut wie gar kein Wasser mehr war.«

Der Gletscher des Chacaltaya, einst das welthöchste Skigebiet und zugleich eisige Wasserreserve der Metropole, ist schon lange weggeschmolzen. Die Wasserkrise dauerte fast zwei Monate. Es wurde rationiert, nur alle drei Tage gab es für drei Stunden Wasser aus der Leitung. Während meine Freundin ausreichend Tanks auf dem Dach des Hauses hat, stellten sich andere Bekannte zum äußerst sparsamen Duschen in eine Plastikwanne, um das Wasser aufzufangen und zur Spülung der Toiletten zu verwenden. Viele Menschen mussten sich über Wochen an öffentlichen Wasserausgabestellen Wasser in Eimern oder Kanistern abholen. Gebracht wurde das Wasser in Tanklastern, in denen nicht selten zuvor etwas anderes als Trinkwasser transportiert worden war.

Bolivien muss dringend Antworten auf den Umgang mit der Wasserknappheit finden, die sich weiter verschärft. Wenn die große Krise irgendetwas Positives hatte, dann, dass das Bewusstsein für die Wichtigkeit des Themas Wasser noch einmal stieg. Wasserverlustreduktion, Wasserernte, Grundwasserschutz und Effizienz in der Trinkwassernutzung, das sind die großen Themen, die anzugehen aufwendig, teuer und langwierig ist. Man stelle sich nur vor, was es kostet, in einer ganzen Stadt die Rohre, die so löchrig sind, dass etwa die Hälfte des durchfließenden Wassers versickert, auszutauschen. Es geht aber auch etwas günstiger.

Das Wasserversorgungswerk von Tarija hat mit Hilfe der GIZ eine eigene Abteilung zur Suche und Reparatur von Wasserlecks gegründet. Auch kleine Schritte zum Wassersparen werden eingeführt, beispielsweise wachsen auf den Grünflächen der Plazas jetzt Pflanzen, die weniger oft gegossen werden müssen.

Und dann ist da natürlich die Aufklärung. Schon Jahre vor der großen Wasserkrise stand ich einmal in El Alto in einer Grundschule und ließ mir von den Kindern der dritten Klasse ein Lied über das Wasser vorsingen. Es war die musikalische Untermalung zu dem neu eingeführten und ebenfalls von der GIZ unterstützten Fach »Aqua para la vida« – »Wasser zum Leben«. Warum ist es wichtig? Wofür wird es gebraucht? Warum muss es sauber gehalten werden? Dass es knapp ist, musste man keinem der Kinder erzählen, alle in der Klasse waren schon mal von ihren Müttern mit einem Kanister zu den Tankwagen geschickt worden, als die Wasserleitung nichts mehr ausgespuckt hatte. Joel hatte die Auswirkungen der Knappheit am eigenen Leib erfahren: »Um zu sparen hat meine Mutter das Gemüse nicht mehr so gründlich gewaschen, und die ganze Familie ist krank geworden«, erzählte er. Wie kann man Wasser sparen ohne die Gesundheit zu gefährden? Das war die Kernfrage dieses Unterrichts. Die kleine Paula ratterte geradezu hinunter, was sie gelernt hatte: »Man muss die Wasserhähne immer zudrehen, wenn man sich die Zähne putzt, und die Dusche ausstellen, wenn man sich einseift. Und man darf auf gar keinen Fall mit dem Wasser rumspielen, denn dann verschwendet man es, und es gibt doch so wenig Trinkwasser.« Die Kinder sollten zu Hause erzählen, was sie im Unterricht gelernt hatten, und ihre Eltern ebenfalls zum Sparen anhalten. »Meine Mutter verwendet jetzt das Wasser, mit dem sie die Wäsche gewaschen hat, noch einmal, um damit den Boden zu wischen«, erzählte Joselin stolz von ihrem Erfolg. Ob all diese Maßnahmen ausreichen, wird sich in der nächsten langen Trockenperiode zeigen – und die kommt bestimmt.

Wassermanagement der Ahnen

Gibt es für die Bauern andere, günstigere Methoden, um dem Wassermangel in den Anden zu begegnen, als teure Wasserrückhaltebecken? Dieser Frage geht Loyda Sanchez in der bolivianischen Großstadt Cochabamba nach. Sie leitet das Zentrum für Interkulturelles Lernen Caipacha und hofft, die Lösung für das Problem in dem alten Wissen der indianischen Vorfahren zu finden. »Wir wissen, dass es hier schon vor 10 000 Jahren hydraulische Vorrichtungen zur Bewässerung gab. Die Menschen hatten damals ein sehr sorgfältiges Wassermangement. Viele der Alten in den Dörfern haben dieses Wissen noch.« Loyda Sanchez und ihre Kollegen gehen in die Andendörfer und befragen die Alten nach überlieferten Ackerbaumethoden. Dabei tragen sie Ideen zusammen, auf die heutige Ingenieure kaum kommen würden. So wurden zum Beispiel an Quellen kleine Sammelbecken gebaut. Rund um diese Sammelbecken wurden bestimmte Pflanzen mit sehr großen Blättern gepflanzt, die verhindern, dass das Wasser verdunstet und so verloren geht. Auch Wasserernte ist ein großes Thema. Es gibt zum Beispiel Pflanzen mit sehr langen Wurzeln, die auch tiefer liegendes Wasser erreichen und quasi hochpumpen. Sie geben das Wasser an der Erdoberfläche wieder ab und werden gleichsam zu Quellen. Andere Pflanzen bilden ein dichtes Wurzelgeflecht, das natürliche Teiche hervorbringt. Setzt man beide Pflanzenarten in der richtigen Anordnung an die richtige Stelle, lassen sich neue Quellen erschließen und ohne schweres Gerät Wasserreservoire schaffen. Dieses überlieferte Wissen vor dem Vergessen zu retten ist ein Wettlauf gegen die Zeit, denn nach und nach sterben die Alten. Doch der Aufwand könnte sich lohnen, denn die modernen Methoden sind kostspielig. Vorteil des alten Wissens ist, dass es mit dem umgesetzt werden kann, was die Bauern zur Verfügung haben. Und das macht sie unabhängig von Hilfe von außen.

In dem kleinen Ort Arampampa besinnen sich die Menschen wieder auf diese alten Methoden. Macario Quelca Soliz hat zusammen mit anderen Dorfbewohnern eine Quelle eingefasst, von der mit schattenspendenden Pflanzen gesäumte Kanäle zu den Feldern führen. Und die Kleinbauern sammeln jeden Tropfen Wasser, den sie erwischen können. Sie fangen jetzt auch das Regenwasser auf den Dächern auf und leiten es mit halbierten Bambusstangen in Wassertonen. Was sollen sie auch sonst machen, wenn es kein Wasser gibt? Angesichts der gewaltigen Probleme, die der Klimawandel für die Bauern mit sich bringt, wirken halbe Bambusstangen und Pflanzen mit großen Blättern rührend hilflos. Und sie ersetzen weder gleichmäßigen Regen noch sprudelnde Bäche. Aber es sind die einzigen Möglichkeiten, die die Bauern haben, um in Zeiten des Wassermangels zu überleben.

Biodiversität gegen Wetterkapriolen

Noch einmal zurück zu Don Demetrio und seiner Kartoffelernte. Als wir ihn trafen, war sein Problem nicht dass es zu wenig geregnet hatte, sondern zu viel. »Die Hälfte der Kartoffeln ist verfault. Wir haben nicht genügend geerntet, um welche verkaufen zu können. Ich glaube, die Ernte reicht diesmal nicht einmal für unsere eigenen Mahlzeiten«, hatte er geklagt. Ein Jahr zuvor war sie vertrocknet. Das Klima ist unvorhersehbar geworden, und die Bauern wissen nicht, worauf sie sich einstellen sollen. Dabei liegt die Antwort – wieder einmal – in dem Wissen der Vorfahren, die bereits vor tausend Jahren mit dem damals schon extremen und wechselhaften Klima der Anden klarkommen mussten. Wie sie das taten, dafür ist die Kartoffel ein hervorragendes Beispiel. Sie stammt aus den Anden, allein in Bolivien gibt es mehr als 1500 Sorten. Früher bauten die Bauern viele unterschiedliche Sorten nebeneinander auf dem Feld an. Die Vielfalt versprach eine sichere Ernte, denn ganz gleich, welche Kapriolen das Wetter schlagen würde, irgendein Teil des Feldes lieferte doch noch einen Ertrag. Sorten, bei denen das Kraut steil nach oben wächst, überstehen Hagel recht gut. Kartoffeln mit großen Blättern können viel Feuchtigkeit aufnehmen und Trockenperioden besser verkraften. Schaut man sich heute auf einem ganz normalen Bauernmarkt um, so findet man dort fünf, sechs, mit viel Glück vielleicht auch zehn verschiedene Kartoffelsorten. In den 1960er Jahren verbreitete man im Zuge der »grünen Revolution« in den Entwicklungsländern ertragreiche Sorten, mit denen der Hunger bekämpft werden sollte. Damals wurde beispielsweise die holländische Kartoffel eingeführt, die sehr glatt, leicht zu schälen und deshalb bei den Städtern beliebter ist als etwa eine uralte knubbelige Sorte, die den Beinamen »Das Leiden der Schwiegertochter« trägt. Wegen dieser Hochleistungssorten und des Ziels, möglichst viel zu produzieren, wurden die alten Kartoffeln mit ihren vielen verschiedenen Eigenschaften vernachlässigt, das Wissen darum ist in Vergessenheit geraten. Damit die Bauern mit dem extremer werdenden Wetter besser klarkommen, versuchen die Mitarbeiter von Organisationen wie Pusysuyo die alten Kenntnisse in die Dörfer zurückzubringen und die Bauern davon zu überzeugen, wieder mehr verschiedene Sorten anzubauen. Wie die GIZ fangen auch sie bei der Aufklärung mit den Kindern an.

»Buenos días profesor«, rufen die Kinder im rhythmischen Chor Jhonny Herbos entgegen, als er die in einem der neuen zweckmäßigen Ziegelbauten untergebrachte Dorfschule betritt. Es trifft sich, dass er den Unterricht übernimmt, der Lehrer ist heute nicht gekommen, kein Benzin. Jhonny reicht die verschiedenen Kartoffelsorten herum, erklärt, woran man erkennt, welche Eigenschaften sie haben, und gibt den Kindern zum Schluss eine Hausaufgabe: »Erzählt euren Eltern, was wir heute gemacht haben, und probiert mit ihnen aus, wo welche Sorte am besten wächst, ob in der Sonne oder im Schatten, da, wo der Boden steinig oder sandig ist und auf welcher Höhe.« Außerdem erinnert er die Kinder daran, dass morgen ein wichtiger Tag sei: Im nächsten Dorf findet ein Vielfältigkeitsmarkt statt.

Eine von den Schülerinnen ist die zehnjährige Wilma, Don Demetrios Enkelin. Sie hätte ihren Großvater nicht erinnern müssen, der Markt ist ein großer Tag, auf den sich Don Demetrio seit Wochen vorbereitet. Er trägt Festtagskleidung aus sorgfältig handgewebten Stoffen, die mit Stickereien und Trotteln verziert sind. Behutsam, fast liebevoll legt er seine Kartoffeln in das Tragetuch. 18 verschiedene Sorten sind es, der alte Mann erklärt uns jede einzelne, wo sie am besten wächst und wie sie schmeckt. Er schwingt das schwere Bündel auf den Rücken und läuft los. Mit uns im Jeep fahren will er lieber nicht, seine Frau hat Angst, sie hat noch nie in einem Auto gesessen. Je näher wir dem winzigen Ort Layupampa kommen, desto mehr Bauern sehen wir aus allen Himmelsrichtungen in Sonntagstracht mit ihren Bündeln auf dem Rücken zum Markt gehen. Manche waren fünf Stunden zu Fuß unterwegs. Dieser Vielfältigkeitsmarkt ist die Wiederbelebung einer alten Tradition. »Früher war es völlig normal, dass sich die Menschen trafen und ihr Saatgut tauschten. Wir haben diesen alten Brauch wieder aufgegriffen. Damit es spannender wird und die Leute einen zusätzlichen Anlass haben, zu kommen, haben wir daraus einen Wettbewerb gemacht, bei dem es darum geht, wer die meisten Sorten hat«, erklärt Jhonny Herbos das Konzept.

Vor dem neuen Gemeindehaus aus Ziegelsteinen breiten die Bauern ihre Tücher aus und legen darauf ihre Kartoffeln, die sie sorgsam zu kleinen Pyramiden stapeln. Jhonny Herbos und seine Mitarbeiter gehen von Tuch zu Tuch und notieren, wer wie viele Sorten mitgebracht hat. Gewonnen hat ein Bauer mit 38 unterschiedlichen Knollen. Als Preis gibt es einen Korb mit Grundnahrungsmitteln, die hier oben echter Luxus sind: Nudeln, Speiseöl, Marmelade. Natürlich ist Don Demetrio etwas enttäuscht darüber, nicht gewonnen zu haben, trotzdem war es ein guter Tag für ihn, denn er hat den Markt genutzt, um mit den anderen Bauern Saatgut zu tauschen. Fünf neue Sorten hat er bekommen, besonders froh ist er über eine, die mit Nässe gut klarkommt. »Wenn das Wetter im nächsten Jahr wieder verrücktspielt, bin ich besser vorbereitet«, meint er. Auch Jhonny Herbos ist zufrieden. Der Vielfältigkeitsmarkt dient gleichzeitig der Bestandsaufnahme dessen, was in der Gegend überhaupt noch an Biodiversität erhalten geblieben ist. »Wir haben insgesamt 50 Sorten gezählt, sieben mehr als letztes Jahr. Das zeigt uns, dass die Bauern verstanden haben, wie wichtig es ist, verschiedene Sorten anzubauen, um in Zeiten des Klimawandels gegen die Wetterkapriolen gerüstet zu sein.«

Evo Morales auf dem Weltklimagipfel in Paris

Als Ende 2017 in Paris der Weltklimagipfel »One Planet Summit« stattfand, machte Bolivien dort mit einem Zehn-Punkte-Plan zur Bekämpfung des Klimawandels von sich reden. Gefordert wurde ein System, das einen fairen Ausgleich zwischen den Nationen herstellt. Dabei müsse unter anderem die historische Klimaschuld der Industrieländer gegenüber dem Planeten anerkannt werden, die den Globalen Norden erst in seine Poleposition gebracht habe. »Während die Industrieländer auf ihre finanziellen und technologischen Ressourcen zählen können, um sich vor den Folgen des Klimawandels zu schützen, ist der Rest der Länder nicht darauf vorbereitet«, sagte Außenminister Fernando Huanancuni. Es sei nur gerecht, wenn sich die Industrieländer nun weltweit stärker an der Finanzierung von Maßnahmen zur Linderung der Folgen und des Kampfes gegen die Erwärmung beteiligten. Um diesen Ausgleich zu gewährleisten, müsse es ein Internationales Gericht für Umweltgerechtigkeit geben, das auch Sanktionen gegen Länder verhängen könnte, die gegen bestehende Klimavereinbarungen verstoßen. Zunächst müsse man jedoch die Rechte der Natur anerkennen und respektieren, um eine Grundlage für den Kampf gegen den Klimawandel zu schaffen. Ein neues globales ökonomisches System müsse entstehen, das auf Solidarität anstelle von Kapitalismus, Wettbewerb und Ausbeutung beruht und »ein gutes Zusammenleben der Menschheit ermöglicht«.

Da ist es wieder, das *buen vivir,* von dem der Präsident zu Hause kaum noch redet, das aber international noch immer viel Zustimmung verspricht. Und auch Pachamama durfte in Paris nicht fehlen: »Der Mensch kann nicht ohne die Mutter Erde leben, aber die Mutter Erde kann ohne den Menschen standhalten«, erklärte Evo Morales abschließend.

Was er bei der Klimakonferenz nicht erwähnte, war, dass Bolivien deutlich mehr an der Klimaerwärmung beteiligt ist als andere Entwicklungsländer. Das hängt vor allem mit der Abholzung des Regenwaldes zusammen. Es geht dabei weniger darum, dass dadurch die grüne Lunge der Erde kleiner wird, was natürlich auch ein gewaltiges Problem ist. Vielmehr trägt die Brandrodung erheblich zur Klimaerwärmung bei, außerdem werden durch die Abholzung große Mengen Kohlenstoff freigesetzt, die zuvor im Waldboden gebunden waren. Hinzu kommt klimaschädliches Methan aus der Viehhaltung im Tiefland und als Nebenprodukt der Erdgasförderung.

Das Schwinden der Regenwälder im Amazonasgebiet hat noch einen weiteren Effekt: Sie sorgen mit ihrer Verdunstung für Feuchtigkeit, die der Wind Richtung Westen trägt und so in den Anden für Niederschläge sorgt. Je trockener diese Winde werden, desto weniger regnet es im Altiplano.

Während international Klimagerechtigkeit eingefordert wird, ist, was Boliviens Beitrag zur Erwärmung angeht, vom Umweltministerium wenig zu hören. Von dem einstigen Nationalen Klimaprogramm ist kaum etwas übrig geblieben, die dazugehörige Internetseite ist schon lange vom Netz genommen worden.

Bolivien, seine Nachbarn und die Welt

Kriege um Rohstoffe und die Sehnsucht nach dem Meer

Bolivien war nicht das einzige Land Südamerikas, das sich in der ersten Hälfte des 19. Jahrhunderts vom Mutterland Spanien, beziehungsweise im Falle Brasiliens von Portugal, unabhängig erklärte. Fast alle Länder des Kontinents sagten sich zwischen 1809 und 1825 von der Alten Welt los. Doch die Grenzen zwischen den neu entstandenen Staaten waren damit keineswegs festgelegt, sondern der Streit um ihren Verlauf wurde in einer ganzen Reihe blutiger Kriege ausgefochten. Meistens ging es dabei um die Frage, wem die verschiedenen Rohstoffe gehören sollten, auf die in Grenzgebieten mehrere Nationen Anspruch erhoben. Es dauerte mehr als hundert Jahre, bis sich die Landkarte Südamerikas so gefügt hatte, wie wir sie heute kennen. Bolivien verlor all diese militärischen Auseinandersetzungen mit fast allen seiner Nachbarländer und dabei etwa die Hälfte des Territoriums, auf das es bei der Erklärung seiner Unabhängigkeit 1825 Anspruch erhoben hatte.

Den Auftakt machte der peruanisch-bolivianische Konföderationskrieg mit Chile zwischen 1836 und 1839, gleichzeitig musste eine Invasion der Argentinier im Süden zurückgeschlagen werden. Bei beiden Auseinandersetzungen tat sich auf der Seite der Bolivianer der Deutsche Otto Philipp Braun mit einer bis dahin ungewöhnlichen Kampftaktik und seiner hervorragend ausgebildeten Schwadron hervor. Er hatte schon zuvor bei den Schlachten um die Unabhängigkeit von den Spaniern eine wichtige Rolle gespielt. Völlig ohne in den Kampf zu ziehen dezimierte dagegen »El Presidente loco« – »der verrückte Präsident« – wie man

General Mariano Melgarejo allenthalben respektlos nennt, sein Land. Im Tausch gegen ein Pferd verschenkte er während seiner Amtszeit von 1864 bis 1871 251 000 Quadratkilometer des Bundesstaates Acre an Brasilien. Wie verrückt er tatsächlich war, zeigt diese Anekdote: Damit sich das besagte Pferd Holofernes nicht die Hufe nass machen musste, wurde eigens eine kleine Brücke, die über den Bach seines Heimatstädtchens Tarata führt, errichtet. Echte Handwerkskunst, solide und mit Schnörkeln verziert, man kann sie heute noch benutzen – was allerdings dem gemeinen Volk damals streng verboten war.

Der erste größere Krieg, nämlich der Salpeterkrieg, den Bolivien und Peru von 1879 bis 1884 mit Chile um diesen Mineraldünger führten, löste ein bis heute andauerndes nationales Trauma aus, denn Bolivien verlor dabei neben beträchtlichen Gebieten auch das Departamento El Litoral und damit seine Hafenstädte Antofagasta, Iquique und Arica, kurz, seinen Meereszugang. Lediglich die zollfreie Nutzung der Häfen von Arica und Iquique und der Bau einer Eisenbahnlinie dorthin wurden 1904 im Friedensvertrag vereinbart.

Zwischen all den gelben Gondeln der gelben Linie des Teleféricos baumelt plötzlich eine dunkelblaue. #MarParaBolivia (Meer für Bolivien) ist darauf zu lesen, derselbe Hashtag, den ich am Abend zuvor beim Fernsehen in einen Spielfilm eingeblendet sah. Der Verlust des Meereszugangs belastet noch immer die Beziehungen zum Nachbarland und bestimmt bis heute die Politik – seit 1962 hat Bolivien mit Chile keinen Botschafter ausgetauscht und weigert sich, dem Nachbarland Gas zu liefern. Das hat natürlich wirtschaftliche Gründe, Häfen sind gerade für ein Land, das Rohstoffe exportiert, von enormer Bedeutung. Generationen bolivianischer Politiker machten ihr Fehlen für die schlechte wirtschaftliche Lage des Landes verantwortlich. Die Angelegenheit ist aber nicht nur eine wirtschaftliche, sondern mindestens genauso eine Frage des Nationalstolzes. So unterschiedliche Ansichten die diversen Präsidenten hatten, wie gegensätzlich ihre politischen Positionen auch gewesen sein mögen, an einem hielten und halten sie alle fest: Boliviens Anspruch auf den Zugang zum Meer. Alle unterhielten weiterhin eine Marine, die weltweit größten Seestreitkräfte eines Binnenlandes, die am Titicacasee stationiert sind. Jedes Jahr wird am 23. März unter dem Motto »Was einmal unser war, wird wieder unser sein« feierlich der Tag des Meeres begangen. Und jedes offizielle, vom Militär herausgegebene Schriftstück endet mit dem Satz »Wir haben ein Recht auf das Meer, es wiederzuerlangen ist unsere Pflicht.«

Auch Evo Morales macht da keine Ausnahme, im Gegenteil, seit er regiert, wird der Zugang zum Meer öffentlich noch vehementer gefordert als unter seinen Vorgängern. Eine eigene Meeresflagge wurde geschaffen, die neben der Nationalfahne und der Wiphala, der Fahne der indigenen Völker, weht. Hashtags und dunkelblaue Meeresgondeln erinnern die Bürger im Alltag ständig daran, den Anspruch auf das Meer nur ja nicht aufzugeben. Viele Leute, mit denen ich gesprochen habe, sind davon inzwischen ziemlich genervt. Dieses Beharren auf dem Meereszugang sei ein reines Manöver, um von den innenpolitischen Problemen abzulenken, sagen sie. Außerdem sei es viel sinnvoller, sich dem Nachbarn endlich wieder anzunähern und Kompromisse zu finden, als ihn ständig zu provozieren. Doch stattdessen erhob die Regierung Klage vor dem Internationalen Gerichtshof in Den Haag, der Vertrag sei damals unter Zwang geschlossen worden und deshalb ungültig. Die Richter sahen das anders und erklärten im Oktober 2018 die Grenzziehung von 1904 für verbindlich. Damit ist die Sache aber nicht vom Tisch, Bolivien will seinen Anspruch auf einen Zugang zum Pazifischen Ozean trotz des Urteils »niemals aufgeben«. Die »Völker der Welt« wüssten, dass den Bolivianern ihr hoheitlicher Zugang zum Meer weggenommen wurde, sagte Evo Morales nach dem Urteil in Den Haag.

Nach dem Salpeterkrieg folgte der Kautschukkrieg, geführt um die begehrten und lukrativen Kautschukbäume, den Bolivien 1903 mit Brasilien ausfocht. Eigentlich war es eher eine Annektierung der nicht eben kleinen, aber sehr entlegenen Provinz Acre durch die Brasilianer, die das Gebiet zuvor militärisch besetzt hatten und die ja dank des »verrückten Präsidenten« bereits einen Fuß in der Provinz hatten.

Der letzte große Krieg Südamerikas war der von 1932 und 1935 zwischen Bolivien und Paraguay um den Gran Chaco. Anlass war ein Grenzstreit um ein Gebiet, in dem große Ölvorkommen vermutet wurden, eine Annahme, die sich im Nachhinein als falsch herausstellte. Hintergrund für diesen Krieg war aber auch der Verlust des Zugangs zum Pazifik. Bolivien exportierte sein Öl seither zunehmend über den Rio Paraguay Richtung Atlantik, was aber von Paraguay blockiert wurde. Die Bolivianer hatten die Hoffnung, bis zum Rio Paraguay vorzudringen und so den Verlust des Zugangs zum Pazifik auszugleichen. Dieser Krieg wurde erbittert geführt, beide Seiten erlitten erhebliche Verluste, die, im Verhältnis zur Bevölkerungsstärke gesehen, so groß wie die vieler europäischer Staaten im Ersten Weltkrieg ausfielen. Auch weil Argentinien Paraguay militärisch unterstützte, verlor Bolivien trotz zahlenmäßiger Überlegenheit diesen Krieg ebenfalls und damit zugleich ein Gebiet, das ungefähr doppelt so groß ist wie Deutschland. Erst 2008 wurde der Grenzverlauf in einem Vertrag endgültig geregelt, trotzdem wirkt der Chaco-Krieg noch nach und beeinträchtigt die Beziehungen zwischen den beiden Ländern bis heute, wenn auch lange nicht so sehr wie die zu Chile.

Die linke Achse Kuba – Venezuela – Bolivien

»Wir können euch gern ein Zimmer geben, aber ihr müsst mit Handwerkern rechnen, denn wir bringen gerade noch mal alles auf Hochglanz«, erklärte uns der Hotelier in Cochabamba. »Und ihr könnt höchstens bis Ende nächster Woche bleiben, denn dann kommt Hugo Chávez aus Venezuela.« Im nächsten Hotel wäre es dasselbe mit Lula da Silva aus Brasilien gewesen und im übernächsten mit einem anderen südamerikanischen Präsidenten. Evo Morales hatte zu einer Konferenz aller südamerikanischen

Staatsoberhäupter eingeladen. Das war 2006, als fast alle Länder des Kontinents eine linke Regierung hatten. Bolivien schwamm im ersten Jahrzehnt des Jahrhunderts ganz vorn auf einer linken Welle mit. Beinahe überall waren die alten, von den USA beeinflussten Eliten bei demokratischen Wahlen abgelöst worden, und Evo Morales war als erster indigener Präsident des Kontinents geradezu eine Ikone, die Achse Kuba – Venezuela – Bolivien war so etwas wie das Rückgrat des neuen Südamerikas. Die drei Länder hatten 2006 den »Handelsvertrag der Völker« abgeschlossen. Es war ein Gegenentwurf zu dem von den USA initiierten Handelsabkommen FTAA (Free Trade Area of the Americas), das fast alle südamerikanischen Länder einschließen sollte, aber mit den vielen linken Präsidenten nicht zustande kam. Hugo Chávez feierte dessen Scheitern und den Abschluss seines Handelsvertrags ALBA (Alianza Bolivariana para los Pueblos de Nuestra América) als persönlichen Sieg über George Bush. Die drei Länder verpflichteten sich zu solidarischen Handelsbeziehungen und dazu, einander zu helfen, indem sie einander nicht nur Zölle erließen, sondern auch Technologien und Experten austauschten.

Bolivien profitierte davon enorm, es bekam unter anderem gesicherte Absatzmärkte für seine Sojabohnen, von Venezuela Diesellieferungen und finanzielle Hilfe bei der Errichtung der nationalen Fluggesellschaft BOA und von Kuba tatkräftige Unterstützung bei seinen Programmen zur Alphabetisierung und Gesundheitsversorgung. Havanna schickte angeblich Tausende Ärzte, darunter viele, die den Grauen Star stechen sollten. Der Leiter der auf Augen-OP spezialisierten Kolping-Klinik in Santa Cruz seufzte schwer, als wir ihn danach fragten. Das müssten zum Großteil doch eher Medizinstudenten gewesen sein, seine Leute wären jedenfalls schwer damit beschäftigt zu retten, was noch zu retten sei.

Mit dem Niedergang Venezuelas bleibt dessen finanzielle Unterstützung für Bolivien aus. Auch wenn die drei Länder nach wie vor enge wirtschaftliche und diplomatische Beziehungen pflegen, muss sich Bolivien doch neue Partner in Südamerika suchen. Das ist allerdings nicht mehr so einfach wie am Anfang des Jahrhunderts, denn inzwischen hat sich die politische Landkarte des Kontinents erheblich geändert, die Mehrzahl der Länder wird wieder konservativ regiert. Trotzdem befindet sich Bolivien seit 2015 offiziell im Beitrittsprozess zum Mercosur. Dem Freihandelsbündnis zwischen Brasilien, Argentinien, Uruguay und Paraguay gehörte bis 2016 auch Venezuela an, bis es wegen Menschenrechtsverletzungen ausgeschlossen wurde. Trotz seines Bündnisses mit Venezuela stoppte Bolivien den Beitrittsprozess nicht – so weit geht die Solidarität dann doch nicht.

Außerdem plant Bolivien zusammen mit Brasilien und Peru eine transkontinentale Zugstrecke, die den Atlantik und den Pazifik miteinander verbinden soll. Bis 2025 soll die 3750 Kilometer lange Strecke fertiggestellt sein. Evo Morales ist mit seinem Ringen um einen Meereszugang die treibende Kraft hinter diesem Projekt, er spricht von einem »Panamakanal des 21. Jahrhunderts«. Doch auch für Brasilien und Paraguay könnte sich das mindestens 15 Milliarden US-Dollar teure Projekt lohnen. Beide exportieren große Mengen Erze und Soja nach China, die dann nicht mehr um das sturmgebeutelte Kap Hoorn verschifft werden müssten. Aus demselben Grund haben auch Paraguay, Uruguay und Argentinien Interesse an der Bahnstrecke bekundet, im Raum steht, dass sie sich mit eigenen Trassen an die Hauptlinie, die von der brasilianischen Hafenstadt Santos über Santa Cruz und La Paz in die peruanische Hafenstadt Ilo verlaufen soll, anschließen wollen.

Der verhasste große Bruder

Mitten im Gedränge der Busstation Villa Fatima in La Paz, wo sich Straßenverkäufer mit Papstbiografien und Strümpfen zwischen den ineinander verkeilten Fahrzeugen hindurchdrängeln, entdecken wir 2005 auf der Rückseite eines Busses ein Graffito. Es zeigt den Nationalhelden Che Guevara gemeinsam mit Osama

Bin Laden, die einander milde zulächeln, während im Hintergrund die Flugzeuge in die Twin Towers rasen. Dieses Bild fasste die Stimmung, die in der Bevölkerung damals den USA gegenüber herrschte, ziemlich gut zusammen, auch wenn die bolivianische Regierung Washington damals noch als Freund der Nation bezeichnete.

Viele Jahrzehnte lang waren die USA der wichtigste Partner der wechselnden Regierungen. Die Supermacht betrachtete Lateinamerika als ihren »Hinterhof«, den sie von kommunistischen Tendenzen frei halten wollte. Die CIA war in vielen Ländern direkt an Militärputschen beteiligt, unterstützte vielfach Diktatoren bei der Bekämpfung der Opposition und konservative Präsidenten mit Krediten und Hilfsprojekten. Da bildete auch Bolivien keine Ausnahme. Ihre Einmischung verschaffte den USA massiven Einfluss auf die Politik, den sie vor allem im Kampf gegen die Coca und bei der Durchsetzung wirtschaftlicher Interessen nutzten. Im Wahlkampf 2003 drohte der Botschafter ganz offen mit dem Entzug der finanziellen Unterstützung, sollten die Bolivianer Evo Morales zum Präsidenten wählen, was seiner Kandidatur noch mal einen ordentlichen Schub einbrachte, denn die USA waren vor allem wegen ihrer Drogenpolitik und dem drastischen Auftreten der Antidrogenbehörde DEA im Chapare bei vielen verhasst.

Nachdem Evo Morales die Wahl gewonnen hatte, verschlechterten sich die Beziehungen zu der Supermacht rapide. Als Erstes wurden 2008 die DEA und der Botschafter der USA ausgewiesen, Letzterer, weil er die Opposition unterstützt habe. Außerdem brauchen US-Bürger nun ein Visum, das direkt bei der Einreise beantragt werden kann und eher eine Art Eintrittspreis ist, der mit 100 US-Dollar recht happig ausfällt. Die Tourismusbranche tobte, aber das war der Regierung egal. 2013 verwies Evo Morales dann publikumswirksam bei seiner Ansprache zum 1. Mai die US-Entwicklungshilfeorganisation USAID des Landes. Fast 50 Jahre war die Agentur in Bolivien, aber nun seien die Zeiten, in denen eine politische und wirtschaftliche Manipulation der Bolivianer möglich wäre, vorbei. USAID habe versucht, Zwietracht unter den sozialen Organisationen Boliviens zu fördern und die Regierung zu destabilisieren und müsse deshalb abziehen. Die Beziehungen wurden nicht besser, als etwas später auf Betreiben der USA das Flugzeug von Evo Morales, das sich auf dem Rückweg von Moskau nach Bolivien befand, zur Zwischenlandung in Wien gezwungen wurde, weil man Edward Snowden an Bord vermutete. Evo Morales bot dem Ex-Geheimdienstmitarbeiter und Whistleblower daraufhin öffentlich Asyl an und drohte, die US-Botschaft in La Paz schließen zu lassen. Man brauche sie nicht. Die USA stehen einigermaßen hilflos vor diesem Scherbenhaufen, auch Obama schob das Thema beiseite, Trump hat ohnehin eine eigene Agenda – und ist der neue Lieblingsfeind Boliviens.

»Die Vereinigten Staaten könnten sich nicht weniger für Menschenrechte und Gerechtigkeit interessieren«, sagte Evo Morales im September 2018 im UN-Sicherheitsrat dem versteinert wirkenden Donald Trump ins Gesicht und zählte mal kurz auf, was ihm an Beispielen einfiel: das Verlassen des Internationalen Strafgerichtshofs, die Unterstützung für Folter, die Trennung von Eltern und Kindern, die über die mexikanische Grenze kommen. Wenn die Menschenrechte den USA etwas bedeuten würden, würden sie keine Kinder in Käfige sperren, schloss er seine kurze Rede. Das war nicht das erste Mal, dass Bolivien es wagte, die Politik der USA so direkt zu kritisieren. Geradezu genüsslich hatte 2017 der UN-Vertreter Boliviens ebenfalls im Weltsicherheitsrat die Anwesenden an die Meldungen über Massenvernichtungswaffen im Irak erinnert, die die USA als Vorwand für ihre Invasion 2003 verbreitet hatten.

Auch daheim lässt die MAS-Regierung keine Gelegenheit aus, gegen den großen Bruder zu sticheln. Da wird öffentlich der Vorwurf erhoben, die DEA habe die Hälfte des beschlagnahmten Kokains behalten und auf eigene Rechnung verkauft. Der Bergbauminister beschuldigt die USA, in Lateinamerika »sanfte Coups« durchzuführen, um die Kontrolle über Lateinamerika zurückzuerhalten, das sie noch immer als ihren »Hinterhof« betrachten würden. Sie seien beispielsweise für die Beseitigung der demokratisch gewählten Manuel Zelaya in Honduras, Fernando Lugo in Paraguay und von Dilma Rousseff in Brasilien verantwortlich.

Das zweite Land, mit dem Bolivien über Kreuz liegt, seit Evo Morales als Präsident amtiert, ist Israel. Das könnte etwas mit Sippenhaft zu tun haben, schließlich ist das Land mit den USA eng verbunden, doch Evo Morales führt offiziell den Umgang Israels mit den Palästinensern ins Feld. Schon 2009 hatte Bolivien wegen des Konfliktes die diplomatischen Beziehungen zu Israel abgebrochen, 2014 erklärte er das Land wegen der Gaza-Offensive zum »terroristischen Staat« und führte auch für israelische Touristen ein 100 US-Dollar teures Visum ein. Darunter litten besonders kleine Hoteliers, denn für jungen Israelis, die oft nach dem Militärdienst mit dem Rucksack losziehen, stand Bolivien ganz oben auf der Liste der beliebtesten Reiseziele. Das geht auf eine Begebenheit aus den 1980er Jahren zurück.

Reichlich blauäugig machten sich 1982 ein Schweizer, ein Österreicher, ein Amerikaner und ein Israeli mit schlechten Karten und völlig unzureichender Ausrüstung zu einer Expedition in den Dschungel auf. Als sie nach kürzester Zeit unterernährt und von Parasiten übersät waren, entschieden sich der Österreicher und der Schweizer dazu, die Expedition abzubrechen und zurückzukehren. Seither sind beide verschollen. Die beiden anderen versuchten auf einem selbstgebauten Floß den Río Tuichi zu befahren und verunglückten dabei. Während der Amerikaner von Fischern aus Rurrenabaque aus dem Fluss gezogen wurde, irrte der Israeli zwei Wochen lang durch den Urwald, bis er schließlich von besagten Fischern, die von dem Amerikaner überredet worden waren, ihn zu suchen, gefunden wurde. Über seine Erlebnisse schrieb Yossi Ghinsberg das Buch »Back from Tuichi«, das in Israel bis heute jedes Kind kennt und das auch in den USA viel gelesen wird. Angelockt von der abenteuerlichen, wahren Geschichte kamen immer mehr Israelis nach Rurrenabaque, um den Dschungel kennenzulernen, und machten lange einen unverhältnismäßig großen Teil der Touristen in ganz Bolivien aus. Der Fischer, der Yossi Ghinsberg gerettet hatte, gründete die erste Reiseagentur Rurrenabaques und wurde bald der reichste Mann des Ortes, so stieg das Dschungeldorf dank der Backpacker zu einem prosperierenden Ort auf. Mit der Einführung der Visapflicht für Israelis und Amerikaner hat Rurrenabaque einen ziemlichen Dämpfer erhalten, doch das ist der Regierung egal.

Evo Morales verfolgt mit der harten Politik gegenüber Israel offenbar auch noch einen anderen Zweck: Er möchte dem neuen Partner Iran ein Signal geben. Die USA warnen alle Länder, die mit dem Iran »flirten«, vor Konsequenzen. Das mag viele dazu bringen, sich bei Geschäften mit dem Land zurückzuhalten – nicht aber Bolivien, das in diesem Zusammenhang gern seine Souveränität betont und seine politische und wirtschaftliche Kooperation mit dem Iran ausbaut. Das Land bietet aber keinen nennenswerten Markt für die bolivianischen Erzeugnisse, und so kann man sich schon fragen, ob diese Allianz nicht eher eine Provokation der USA als ein neues strategisches Bündnis ist.

Neuer Partner China

China braucht Rohstoffe, Bolivien braucht Geld für Infrastrukturprojekte, und beide haben wenig Interesse daran, sich über Gebühr mit Fragen wie demokratischer Entwicklung, Rechtsstaatsprinzipien oder Umweltschutz zu beschäftigen oder sich da gar reinreden zu lassen. Die deutsche Kreditanstalt für Wiederaufbau (KfW) will erst einmal Umweltverträglichkeitsstudien und Bürgerbeteiligung sehen, bevor sie Geld für den Bau einer Straße gibt, schon deshalb, weil sie sonst daheim früher oder später dafür kritisiert wird. Bei den Chinesen gibt es keine solchen Bedenken, nicht umsonst sind sie sowohl in Afrika als auch in Lateinamerika inzwischen der größte Geldgeber für infrastrukturelle Großprojekte. Den Bau von Staudämmen und Wasserkraftwerken übernehmen dabei oft chinesische Firmen, der heimische

Bedarf ist inzwischen weitgehend gedeckt, sie brauchen Projekte im Ausland. Die argentinische Umweltorganisation Fundación Ambiente y Recursos Naturales (FARN) berichtet davon, dass die chinesische Regierung starken Druck auf die Regierung ausgeübt habe, die Staudämme so schnell wie möglich zu bauen, weshalb Umweltprüfungen besonders mager ausfielen.

Auch Menschenrechtsfragen, Polizeigewalt und intransparente Strukturen lassen die Investoren aus Fernost eher kalt, wichtig ist ihnen vor allem, dass sie Zugang zu dem bekommen, was sie für ihre boomende Wirtschaft am dringendsten brauchen: Rohstoffe. Bolivien ist mit seinen vielen unterschiedlichen Erzen, darunter auch Wolfram, seinem Uran und natürlich dem Lithium ein besonders vielversprechender Partner, und entsprechend großzügig zeigen sich die Chinesen bei der Kreditvergabe. Sieben Milliarden US-Dollar sind es nach offiziellen Angaben bislang, weitere Kredite wurden in Aussicht gestellt. Bolivien ist zudem ein geostrategischer Brückenkopf nach Südamerika, in dem es ein Machtvakuum zu füllen gibt, nachdem die Beziehungen zu den USA auf Eis liegen. Und nicht zuletzt wird Bolivien mit jedem Einwohner, der die Armutsgrenze überspringt, zu einem noch interessanteren Absatzmarkt für chinesische Produkte. Schon jetzt finden sich auf den Märkten jede Menge Textilien, Spielzeug und Haushaltswaren mit dem Label »Made in China«. Auch die Nachfrage nach Unterhaltungselektronik, Laptops und Autos steigt zusehends.

Der neue, wichtigste Partner heißt also China. Nachdem die Bolivianer lange um ihre Souveränität gekämpft haben und endlich den Einfluss der USA losgeworden sind, begibt sich das Land nunmehr in eine neue Abhängigkeit. Die Kredite haben hohe Zinsen und binden Bolivien in den nächsten Jahrzehnten an die Chinesen. Zu den Bedingungen der Kredite gehört, dass chinesische Firmen mit der Umsetzung von entsprechenden Großprojekten beauftragt werden. In den von den Chinesen betriebenen Bergwerken häufen sich Klagen darüber, dass bolivianisches Arbeitsrecht verletzt werde, sagt Marco Antonio Gandarillas vom

Informations- und Dokumentationsnetzwerk CEDIP. Auch würden Strafgefangene in den Minen eingesetzt. Von Korruption ist die Rede, vor allem aber würden in den chinesischen Bergwerken Umweltbelange eine noch geringere Rolle spielen als ohnehin schon.

Das Verhältnis zu Deutschland

Bolivien spielt für die deutsche Politik keine Hauptrolle, auch liegt die Bundesregierung mit Evo Morales nicht unbedingt auf einer politischen Linie, doch das Auswärtige Amt bezeichnet die Beziehungen zwischen den beiden Ländern als gut. Der bolivianische Präsident war 2015 nebst Ministerriege in Berlin eingeladen, im Gegenzug reiste in den beiden folgenden Jahren ein Staatssekretär mit einer Unternehmerdelegation nach Bolivien. Deutschland hat finanzielle Unterstützung beim Bau der transkontinentalen Eisenbahnlinie zugesagt, und dass ein deutsches Unternehmen inzwischen den Zuschlag für die Lithiumförderung am Salar de Uyuni bekommen hat, gilt als großer Erfolg. Beides sind Projekte, bei denen Deutschland mit China konkurriert. Auf der Internetseite des Auswärtigen Amtes heißt es »Präsident Morales ist an qualitativ hochwertiger Technologie und an Technologietransfers sowie Berufsbildungsexport interessiert und betrachtet Deutschland als wichtigen Partner für die Modernisierung des Landes.«

Nicht offiziell, sondern nur hinter vorgehaltener Hand wird zugesagt, dass man es auf deutscher Seite nicht für unproblematisch halte, es in staatlichen Unternehmen und auf allen Verwaltungsebenen nur noch mit Leuten zu tun zu haben, die ein Parteibuch der MAS besitzen. Auch die demokratische Entwicklung wird als eher schwierig eingeschätzt. Trotzdem hält man sich in punkto Demokratisierungsprozess mit Ratschlägen zurück, weshalb die deutsche Entwicklungshilfe, anders als beispielsweise die Dänemarks, weiterhin in Bolivien vertreten ist. Als Südamerikas zweitärmster Staat ist Bolivien sogar das Land des Kontinents, das aus Deutschland am meisten Entwicklungshilfe erhält. Da ist zum einen das schon erwähnte Programm zur Trinkwasserver- und Abwasserentsorgung, außerdem spielen ländliche Entwicklung sowie Umwelt, Energie und Klimaschutz eine Rolle.

Ansonsten gibt es in La Paz seit 1923 eine Deutsche Schule und seit 1954 ein Goethe-Institut, eine Reihe von Städtepartnerschaften, Kooperationen zwischen Universitäten, die vom Deutschen Akademischen Austauschdienst (DAAD) gefördert werden, und drei deutsch-bolivianische Kulturgesellschaften. 2017 war Deutschland offizielles Gastland der Buchmesse von Santa Cruz. Egal, mit wem man spricht, das Verhältnis zwischen den beiden Staaten scheint unaufgeregt und entspannt zu sein.

Deutsche in Bolivien

Fast jedes Mal, wenn ich nach Bolivien komme, lerne ich Deutsche kennen, die sich hier für länger oder sogar für immer niedergelassen haben. Die eingangs beschriebene große Offenheit und Toleranz der Bolivianer, aber auch das Wilde und Unfertige des Landes machen Bolivien zu einem Ort, an dem Querdenker, Unangepasste und Utopisten eine Heimat finden können.

Da war die Sozialarbeiterin, die sich daheim in Frankfurt um Drogenabhängige kümmerte und nun für einige Monate mit Hippies durch Bolivien zog und auf den Plazas des Landes selbstgebastelten Schmuck verkaufte, was der neben ihr sitzenden *cholita* keine hochgezogenen Augenbrauen, sondern ein freundliches Lächeln entlockte. Schmuck-Hans, der in den 1980er Jahren als einer dieser Hippies ständig von Mexiko nach Feuerland und zurück reiste, irgendwann in Coroico blieb, dort erst einen Schmuckladen und dann eine Bäckerei eröffnete. Naomi Staedler-Kaurich, eine Wissenschaftlerin, die bei Cochabamba über Kommunikation zwischen Bäumen forscht. Oder der ehemalige Punk, der auf einer Rucksackreise im Amazonasgebiet hängen geblieben war und nun auf einem für Gäste umgebauten Flussdampfer Reiseleiter ist. Angeblich gibt es auch Sympathisanten aus dem RAF-Umfeld, denen das Pflaster in Deutschland irgendwann zu heiß wurde und die hier einen Neuanfang wagten. Aber das sind nur Gerüchte.

Dann ist da Martin Strätker, ein Bildhauer aus dem Ruhrgebiet, der in Copacabana mit *Las Olas* wunderschöne bewohnbare Skulpturen geschaffen hat, die in Deutschland niemals eine Baugenehmigung bekämen und die zu den schönsten Unterkünften des Landes gehören. Als ich Martin traf, schulterte er gerade eine

Spitzhacke und vertröstete mich auf später, er müsse zur gemeinschaftlichen Arbeit an einem Abwasserkanal. Später erzählte er, wie er zum Paten einer ganzen Reihe von Kindern und zu einer wichtigen Figur in dem Städtchen geworden war, einfach indem er sich einbrachte. Da war es völlig egal, dass er, der Deutsche, der *cabañas* baut, die wie gigantische Schneckenhäuser aussehen, so ganz anders war als seine Nachbarn. Solange man den Bolivianern mit Offenheit begegnet und nicht das Gefühl vermittelt, man sei etwas Besseres oder habe ein Patentrezept, dem andere doch bitte folgen sollten, finde sich hier für jeden ein Platz, meinte er.

Diese Nischen gibt es nicht nur für Aussteiger, denen Deutschland zu eng geworden ist, sondern gab es auch für ganze Gruppen, die aus unterschiedlichsten Gründen Deutschland verlassen wollten oder mussten.

Zuflucht für Juden aus dem Dritten Reich

Eine alte Schreibmaschine, ein Fahrrad und der Traum von einer eigenen Buchhandlung war alles, was der damals 19-jährige Werner Guttentag aus Breslau besaß, als er 1939 vor den Nazis nach Bolivien floh. Er war einer von vielen Juden, die hier Zuflucht fanden, genaue Zahlen fehlen, aber Schätzungen gehen von bis zu 20 000 aus. Bolivien war eines der wenigen Länder, die bis 1944 verfolgten Juden Visa ausstellten, sofern sie angaben, in der Landwirtschaft arbeiten zu wollen. Ob sie tatsächlich landwirtschaftliche Kenntnisse hatten, wurde glücklicherweise nicht überprüft, sonst hätten viele von ihnen nicht überlebt. Einen entscheidenden Anteil an dieser jüdischen Einwanderung hatte Moritz Hochschild. Er wurde in einer jüdischen Familie 1881 im hessischen Biblis geboren, die seit Generationen mit Bergbau und Metall zu tun hatte. Nachdem er im sächsischen Freiberg an der Universität, die heute Partner der Universität in Potosí ist, Bergbau studiert hatte, ließ er sich 1919 in Bolivien nieder. Dort wurde er mit dem Abbau und Handel von Zinn zu einem der mächtigsten Männer des Landes. Während der Zeit des Nationalsozialismus finanzierte er rund 10 000 Juden die Schiffspassagen und half ihnen bei den Einwanderungsformalitäten. Er rettete so ihr Leben und wird deshalb auch als »Oskar Schindler Boliviens« bezeichnet.

Anders als geplant verdienten die meisten jüdischen Einwanderer ihr Geld nicht in ländlichen Regionen mit Ackerbau und Viehzucht, sondern ließen sich in den Städten, hauptsächlich in La Paz, nieder. Das sorgte einerseits für Unmut bei der Regierung, andererseits zeigte sich bald, dass die meisten Einwanderer eine gute Bildung hatten und über viele Kenntnisse verfügten, an denen es bislang im Land fehlte. Sie gründeten Uhrmacherwerkstätten, Fotostudios und andere Geschäfte, eröffneten Hotels, Restaurants und Kaffeehäuser, später auch Fabriken – kurz, sie sorgten für wirtschaftlichen Aufschwung im Land.

Manche der jüdischen Einwanderer prägten Bolivien entscheidend mit. Der Club Andino wurde von Raúl Posnansky gegründet, der dafür sorgte, dass der Gletscher Chacaltaya als Skigebiet erschlossen wurde, und damit diesen Sport überhaupt erst nach Bolivien brachte. Erich Simon, vor der Flucht Sportlehrer in Karlsruhe, gehörte zur ersten bolivianischen Ski-Nationalmannschaft, trainierte die bolivianischen Schwimmer für die südamerikanischen Meisterschaften und war einer der Bergsteigerpioniere des Landes. Der in Böhmen geborene Dirigent und Komponist Erich Eisner baute in La Paz das Orquesta Sinfónica Nacional auf und wurde sein erster Chefdirigent. Als Dank und Ehrerbietung an sein Zufluchtsland komponierte er 1943 die Cantata Bolivia, ein eindrucksvolles Werk für Solostimmen, Chor und Orchester auf Texte der bolivianischen Lyrikerin Yolanda Bedregal.

Der bekannteste jüdische Flüchtling war wohl Werner Guttentag. Ich hatte Ende 1990 bei meiner ersten Reise nach Bolivien das Privileg, ihn kennenzulernen. Wir fuhren damals gemeinsam zur Wahl, er auf seinem alten Fahrrad, das er einst aus Breslau mitgebracht hatte, ich auf einem Leihrad. An Wahltagen darf in

Bolivien nicht Auto gefahren werden. Niemals, so sagte er, habe er eine Wahl ausgelassen, sich daran zu beteiligen, das sei er dem Land, das ihn aufnahm, schuldig. Auf dem Weg zum Wahllokal kamen wir kaum voran, von allen Seiten riefen die Leute nach »Don Werner«, jeder wollte ein Schwätzchen mit ihm halten oder ihn wenigstens kurz begrüßen.

Werner Guttentag war im Asyl zuerst als Mechaniker, Juwelier und Minenangestellter tätig, bis er 1945 den Traum von der eigenen Buchhandlung »Los Amigos del Libro« – »Freunde des Buches« – verwirklichen konnte. Fünf Jahre darauf gründete er den gleichnamigen Verlag und war damit der Erste, der bolivianischen Schriftstellern die Möglichkeit zur Veröffentlichung ihrer Werke gab. 30 Jahre lang vergab eine Jury einen von ihm gestifteten Preis an einen jungen Autor, der für viele heute bekannte Schriftsteller des Landes der Beginn ihrer literarischen Karriere war. Außerdem verfasste und organisierte er die »Enciclopedia Boliviana«, deren fasst 80 Bände die Wissenschaft, Kultur, Wirtschaft, Geografie, Sprachen, Geschichte, Literatur, Medizin und Politik Boliviens dokumentieren. Dank ihm ist Bolivien eines der wenigen Länder Lateinamerikas, die seit Jahrzehnten eine regelmäßig neu erscheinende Nationalbibliografie haben.

Brachte ihn sein Engagement für die bolivianische Kultur in Zeiten der Diktatur noch ins Gefängnis, so wurde Werner Guttentag in seinen letzten Lebensjahren mit allen großen bolivianischen Orden, darunter dem *Condor de los Andes* und sogar mit einer eigenen Briefmarke geehrt. Er erhielt außerdem das deutsche Bundesverdienstkreuz und war mehrfach Ehrengast der Frankfurter Buchmesse. Doch trotz all der Ehrungen, die er sorglich in einer Vitrine verwahrte – reich geworden ist er nie. Kaum hatte er es verdient, investierte er sein Geld auch schon in neue hoffnungsvolle bolivianische Autoren und lebte weiter in eher bescheidenen Verhältnissen. Statt eines gut gefüllten Kontos hinterließ er seiner Familie nach seinem Tode im Jahr 2008 ein ganzes, buchstäblich bis unter die Decke jedes Zimmers mit

Büchern vollgestopftes Haus. Es ist vermutlich eine der umfassendsten Bibliotheken Boliviens, die zum größten Bedauern seiner Erben leider noch nicht katalogisiert ist.

Endstation der »Rattenlinie«

Nach dem Ende des Zweiten Weltkrieges begann eine zweite Wanderungsbewegung aus Deutschland Richtung Südamerika: die der hochrangigen Nazis. Zu Fuß über den Brenner nach Südtirol und dann weiter zum Hafen von Genua entkamen Tausende Nationalsozialisten, vom Mitläufer bis zum aktiven Massenmörder, nach Argentinien, Chile und Bolivien. Der Vatikan half dabei, die Kriegsverbrecher in Sicherheit zu bringen, er stattete Gesuchte mit Pässen des Roten Kreuzes aus, die zuvor von Priestern beglaubigt worden waren. In manchen Fällen nutzte auch der amerikanische Geheimdienst die als »Rattenlinie« bezeichnete Route – so wie im Fall von Klaus Barbie. Er war der bekannteste Nazi, der in Bolivien untertauchte. Der »Schlächter von Lyon« war als Gestapo-Chef in Südfrankreich stationiert und direkt für 4000 Morde und 7500 Deportationen verantwortlich. Außerdem war er als besonders sadistischer Folterer von Angehörigen der Résistance bekannt. Nach dem Krieg arbeitete er aus dem Untergrund als Agent für die US-amerikanische Spionageabwehr. Als er in Abwesenheit zum Tode verurteilt worden war, schleusten ihn die Amerikaner 1951 aus Europa hinaus.

Dass Altnazis in Bolivien lebten, war ein offenes Geheimnis im Land. Immer wieder erkannten Juden prominente Nationalsozialisten. In dem Örtchen Chulumnai, das verborgen in den unzugänglichen Yungas liegt, hatten sowohl Juden Schutz gesucht als auch einige Jahre später Klaus Barbie, so wie angeblich Adolf Eichmann und Josef Mengele sich vor der Strafverfolgung versteckten. Warum sich die beiden Gruppen, die doch beide aus Deutschland kamen, nicht verstanden, war den Einheimischen unbegreiflich.

Lange musste sich Klaus Barbie nicht in den Bergen verkriechen. Mit Beginn der Diktatur benötigte ein Despot nach dem anderen seine besonderen Kenntnisse und Fähigkeiten zur Unterdrückung aufrührerischer Studenten und bei der Bekämpfung der politischen Opposition. Klaus Barbie, der 1957 unter dem Namen Klaus Altmann eingebürgert worden war, wurde zum Ratgeber der Regime. Unter Hugo Banzer war er im Dienst des Innenministeriums Ausbilder und Berater der Sicherheitskräfte und lehrte in Lyon erprobte Foltermethoden wie das Waterboarding. Außerdem gründete er gemeinsam mit anderen Nazis die berüchtigte und gefürchtete paramilitärischen Einheit »Los Novios de la Muerte« – »Die Bräutigame des Todes«. Die Gruppe besuchte gewerkschaftliche Demonstrationen und machte dort »subversive Elemente« aus, die sie dann bedrohte und folterte. Nebenbei machte er sich als Vermittler zwischen der Kokainmafia und der Militärregierung nützlich und half dabei, ein Netzwerk für illegale Rüstungsimporte aus Europa zu etablieren. Auch die alten Kontakte zu den US-Geheimdiensten wurden in Bolivien reaktiviert. Barbie erhielt Zugang zu geheimdienstlichen Informationen der USA und war in den 1960er Jahren auch für den Bundesnachrichtendienst tätig. Im Auftrag der CIA beteiligte er sich beratend an der Jagd nach Che Guevara und half dabei, den Plan zu dessen Ergreifung auszuarbeiten.

Alle Diktatoren Boliviens hielten eine schützende Hand über Barbie und ignorierten sämtliche Auslieferungsanträge mit dem Hinweis, das Land habe kein Abkommen unterschrieben. Auch die Versuche des israelischen Geheimdienstes, ihn zu entführen und hinzurichten, scheiterten. Erst, als Bolivien 1983 zur Demokratie zurückkehrte, wurde Barbie, nachdem er 32 Jahre friedlich und unbehelligt in den Anden gelebt hatte, verhaftet und an Frankreich übergeben. Ein Gericht in Lyon verurteilte ihn 1987 wegen Verbrechen gegen die Menschlichkeit zu einer lebenslangen Freiheitsstrafe. Er starb 1991 im Gefängnis.

Zeitreise zu den Mennoniten

Die großen Schaufelräder des Traktors, mit dem Bernhard Dyck sein Feld bestellt, fallen sofort auf. Sie sollen den 40-jährigen Bauern vor der Fahrt in die Hölle bewahren. »Wir haben diese Räder, um der Versuchung zu widerstehen, spazieren zu fahren«, erklärt Bernhard in langsamem, hölzern klingendem altem Deutsch, und tatsächlich machen die eisernen Schaufeln die Räder für jede Straße unbrauchbar. Bequem spazieren zu fahren – das wäre nicht gottgefällig.

Bernhard Dyck gehört zur dritten größeren Gruppe Deutscher, oder in diesem Fall vielmehr Deutschstämmiger, die nach Bolivien kamen. Die Mennoniten sind zwar bereits vor 300 Jahren aus Deutschland ausgewandert, aber erst in der zweiten Hälfte des letzten Jahrhunderts in Bolivien ansässig geworden. Die konfessionellen Wurzeln der Mennoniten liegen in der Reformationszeit. Das Täufertum verbreitete sich in den 1520er und 1530er Jahren in vielen Städten Süd- und Mitteldeutschlands, in Tirol und entlang der Rheinschiene bis in die Niederlande und nach Niederdeutschland, wo seine Gedanken auf besonders fruchtbaren Boden fielen. »Mennoniten« leitet sich ab von dem Täufer Menno Simons. Weil sie ihres Glaubens wegen in Deutschland verfolgt wurden, wanderten sie Anfang des 19. Jahrhunderts in osteuropäische Länder und später auch in die USA und nach Kanada aus. Als ihnen dort nach dem Ersten Weltkrieg ihre Privilegien, wie eigene Schulen und Freistellung vom Militärdienst, aberkannt wurden, zogen die besonders Konservativen zunächst nach Mittel- und Südamerika weiter, dorthin, wo sich keine Regierung in ihr Leben einmischte. Rund 25 000 von ihnen leben heute in Bolivien, fernab von den Verlockungen der Moderne ein Leben, das sich kaum von dem ihrer Vorfahren unterscheidet.

Die Zeit scheint stehengeblieben zu sein im Südosten Boliviens, in der Mennoniten-Kolonie Nueva Esperanza – »Neue Hoffnung«. Hier hat die Familie Dyck gefunden, was ihre Vorfahren so lange gesucht haben: guten, günstigen Boden und einen Staat, der sie in Ruhe lässt. Zwölf Stunden dauert die Fahrt von Santa Cruz bis zu ihrer Kolonie. Das ist weit genug, um die Moderne auf Abstand zu halten und in aller Ruhe ein gottesfürchtiges Leben führen zu können. »Wir kämpfen jeden Tag aufs Neue, auf dass wir das Wort Gottes richtig verstehen«, meint Bernhard und streicht fast ein wenig verlegen über seine grobe Latzhose. Das bedeutet auch »nur von dem zu leben, was wir durch unserer eigenen Hände Arbeit und durch die Gnade Gottes erhalten«.

Jeden Morgen um fünf stehen er und seine Frau Anna gemeinsam mit ihren acht Kindern auf und machen sich ans Tagwerk: Kühe melken, Hühner füttern, den Gemüsegarten pflegen und die Felder bestellen. Dass seit einigen Jahren Traktoren für die Feldarbeit verwendet werden, war keine Selbstverständlichkeit. Doch am Ende entschied der Vorstand der Kolonie, dass »es gottgefällig ist, wenn die Ernte reich wird«. Bernhards Frau Anna hat ihre langen blonden Haare unter einem Kopftuch versteckt. Emsig tritt sie das Pedal ihrer alten Singer-Nähmaschine. Ihre von der Feldarbeit rauen Hände bleiben immer wieder an dem Stoffrest hängen, aus dem sie für ihre vierjährige Tochter Katharina ein Kleid näht. In ihren 38 Lebensjahren scheint sie nur selten gelächelt zu haben, und das ist konsequent, denn von weltlichen Freuden halten sich die Mennoniten fern. Tanz und Musik sind verpönt, nur Kirchenlieder sind gestattet. Das Vorwort des 1996 in Kanada in alter Druckschrift erschienenen Gesangbuchs mahnt: »Du wollest, christlicher Leser, dieses Gesangbuch nicht aus bloßer Gewohnheit gebrauchen, noch Deine Sinne nur an den Melodien ergötzen, sondern zum Lobe Gottes und zur Erbauung Deiner Seele anwenden.«

Auch Besitz ist nicht gottgefällig, und so hat Familie Dyck ihr aus unverputzten Ziegelsteinen erbautes und mit Wellblech gedecktes Haus eingerichtet: ein paar Betten, ein Holztisch mit Bänken und eine Kommode, auf der eine Emailleschüssel zum Waschen steht. Keine Bilder, kein Spiegel, kein Kinderspielzeug. Das einzige Zugeständnis an den Fortschritt ist eine Packung Maggi-Brühwürfel.

Die dreizehnjährige Elisabeth arbeitet auf dem Hof ihrer Eltern mit wie eine Erwachsene. Kinder besuchen hier nur bis zu ihrem zwölften Lebensjahr die Schule, in der die Bibel, das Gesangbuch, Lesen, Schreiben und Rechnen gelehrt werden. Zur Ernte- oder Saatzeit und wenn geschlachtet wird fällt die Schule aus. Nur so können sich die Familien mit bis zu 16 Kindern ernähren. »Einer jeglicher tuet das, was er kann«, sagt Elisabeth achselzuckend.

Die Arbeiten werden streng nach Geschlechtern getrennt: Mit ihren zwei älteren Schwestern arbeitet Elisabeth im Haus und auf dem Hof, während die Brüder mit dem Vater die Feldarbeit erledigen und Handel treiben – die Mennoniten gelten in Bolivien als ausgezeichnete Viehzüchter und sind für ihren Käse bekannt. Nur die Männer sprechen ein wenig Spanisch und müssen für ihre Frauen übersetzen, wenn diese einmal die Kolonie verlassen, was ziemlich selten vorkommt, denn Kleiderstoffe, Salz und Kaffee werden im Krämerladen der Kolonie gekauft, alles andere stellen die Familien selbst her. Untereinander sprechen die Mennoniten bis heute ausschließlich Altplattdeutsch, das sich über die Jahrhunderte hinweg in dieser von der Außenwelt abgekapselten Gesellschaft erhalten hat. Im Gottesdienst wird das Deutsch der Bibel und des Gesangbuchs verwendet. Wie abgesondert die Mennoniten leben, zeigt sich auch beim Blick in die Gesichter: Seit 300 Jahren leben sie allein und heiraten untereinander mit der Folge, dass nicht wenige geistig behindert sind.

Viele der Mennoniten in Bolivien, die so abgeschieden von der modernen Welt leben, wissen fast nichts über die Heimat ihrer Vorfahren. Die Fragen an den Besucher, der »durch die Welt spazieren fährt«, sind zahllos: Wie heißt der König von Deutschland und wie groß ist sein Volk? Dass dort Kühe im Stall gehalten werden und Medikamente bekommen, findet Bernhard unbegreiflich. Das Fleisch kann doch nicht gut sein, meint er. Manchmal, so sagt er, möchte er doch etwas wissen von der Welt. Sein größter Wunsch ist ein Atlas, »denn es ist schön, wenn einer sich fremde Länder besehen kann«. Aber selbst einmal »spazieren zu fahren«, um »die Welt zu besehen«, das wäre nicht gottgefällig.

Religion: Maria als Mutter Erde und umgekehrt

Wallfahrt nach Copacabana

Es ist Anfang August, und vor der Basilika von Copacabana herrscht dichtes Gedränge. Wir sind nicht in Brasilien an dem berühmten Strand von Rio de Janeiro. Dass der auch Copacabana heißt, liegt an einer kleinen Kapelle in Bolivien. Auf dem Weg dorthin legen viele Pilger am Strand von Rio eine Pause ein. Ihr Ziel ist das vom Vatikan offiziell als wundertätig anerkannte Bildnis der Jungfrau von Copacabana am Titicacasee. Dort stehen in vier Reihen Autos, Lastwagen und Minibusse nebeneinander auf dem Vorplatz der Kirche, die Schlange reicht durch die ganze Kleinstadt. Alle Wagen sind mit Blumengirlanden geschmückt, die ihre festlich gekleideten Besitzer an einem der vielen kunterbunten Stände gekauft haben. Sie kommen aus ganz Bolivien, aus Peru, einige aus Chile, manche sogar aus dem zwei Tagesreisen entfernten Argentinien.

Seit Stunden wartet Alfredo Guzman gut gelaunt darauf, dass sein Auto drankommt. »Wir lassen unser Auto segnen, damit wir immer eine gute und sichere Fahrt haben und es keine Unfälle mit Verletzten oder Toten gibt«, erklärt er, und einer der Umstehenden ergänzt: »Das ist eine Art Autoversicherung. Wenn du ein Auto kaufst und das nicht segnen lässt, dann könnte dir etwas passieren. Wir wollen, dass der liebe Gott uns beschützt. Deshalb ist es sehr wichtig, mindestens einmal im Jahr hierherzukommen und das Auto segnen zu lassen.« Die Segnung ersetzt nicht nur die Versicherung, sondern oft auch die Wartung. Viele der Autos sind schrottreif, die Reifen sind abgefahren, die Kupplungen ächzen, Windschutzscheiben zeigen Sprünge – bei bolivianischen Autos kann man nur bei der Hupe wirklich sicher sein, dass sie funktioniert. Womöglich wäre es besser, das Geld für Anreise, Segnungsticket und Blumenschmuck in neue Bremsbeläge zu investieren. Aber das ist ein sehr deutscher Gedanke. Und so warten alle geduldig auf den etwas erschöpft wirkender Priester, der von Wagen zu Wagen läuft und im Akkord Autos segnet. Der August ist für ihn der stressigste Monat des Jahres.

Am 5. August findet jedes Jahr die große Prozession zu Ehren der Jungfrau von Copacabana statt. Gleichzeitig ist dieser Monat seit jeher die Zeit, in der Pachamama, der Erdmutter, geopfert wird. Es dürfte kein Zufall sein, dass der Ehrentag der Jungfrau in den Ehrenmonat der Erdgöttin fällt – genauso wenig, wie es ein Zufall ist, dass Boliviens wichtigster Wallfahrtsort genau dort liegt, wohin die Menschen schon vor 3000 Jahren pilgerten, um die Götter zu ehren. Die katholische Kirche übernahm das uralte Zeremonialzentrum nebst seinem Namen von den Inkas, die es zuvor von den Chiripa und den Tiwanaku geerbt hatten. Heilige Jungfrau, Pachamama – viele der Gläubigen machen da kaum einen Unterschied. Im Glaubensbekenntnis der Aymara werden beide genannt: »Ich glaube an María, welche die Mutter aller Menschen ist, was auch für Pachamama gilt.« In der Kirchenkunst ist diese Verschmelzung ebenfalls sichtbar. Die Jungfrau Maria wird oft mit einem weiten Rock dargestellt, der ihr einen fast dreieckigen Umriss gibt: Kunsthistoriker sehen darin einen stilisierten Berg, womit die christliche Maria gleichzeitig die Erdgöttin Pachamama darstellt. Das berühmteste dieser Bilder, die »Virgen del Cerro« von Melchor Pérez de Holguín, hängt in der Casa Real de la Moneda in Potosí.

Wir erwischen Pater David für ein kurzes Gespräch, als er gerade seinen Eimer mit Weihwasser nachfüllt. Obwohl die Segnung eines Autos nicht unbedingt der reinen römisch-katholischen Lehre entspricht, zählt er sie ganz klar zu seinen Aufgaben – so, wie seine Vorgänger früher auch Lamas gesegnet haben. »Das ist ein sehr alter Brauch, den die katholische Kirche übernommen hat. Wir adaptieren solche Traditionen und passen sie ein wenig an. Es ist ja nichts Schlechtes daran. Für die Menschen ist es einfach ein Zeichen des Schutzes für ihr Auto und ihre Familie.« Der Pater rafft seine Soutane, die nicht mehr ganz so weiß strahlt wie noch am Morgen, und macht sich wieder an die Arbeit. Auch Alfredo Guzman kommt jetzt gleich dran. Vor seinem Auto hat er einen kleinen Altar aufgebaut. Er sieht ein bisschen so aus wie ein Geburtstagstisch für ein kleines Kind. »Alles, was wir uns wünschen, haben wir als Miniatur gekauft, damit wir es in der Zukunft tatsächlich bekommen. Kleine Häuschen, Dollarbündel, kleine Autos und Zertifikate von Schulabschlüssen, das soll der Pater alles gleich mitsegnen. Es sind Opfergaben.« Jenny, die ebenfalls mit ihrer Familie angereist ist, hat nur ein Bildnis der Jungfrau von Copacabana für die Segnung aufgestellt. »Wir kommen jedes Jahr her, um der Virgen für all das zu danken, was sie für uns getan hat«, erklärt sie. Zu ihrem Ehrentag wird die Statue jedes Jahr neu eingekleidet. Die wertvollen, aus Goldfäden gewobenen Brokatkleider mit handgefertigter Spitze sind Ausdruck der Dankbarkeit von Gläubigen, an denen die Jungfrau Wunder vollbracht hat. Es gibt ein ganzes Zimmer voll davon, für die nächsten hundert Jahre muss sich niemand Sorgen um die Garderobe des Bildnisses machen, und der Vorrat wird ständig aufgefüllt.

Ob die Jungfrau von Copacabana Wert auf die Opfergaben legt? Die Pachamama jedenfalls tut es. Ob die Ernte gut ausfällt, die Viehzucht gelingt und die Familie gesund bleibt, hängt von ihrem Segen ab. Aber sie gibt nicht einfach so, denn die Götter sind nicht gnädig, sondern gerecht, und nur wenn gut für sie gesorgt wird, sorgen sie auch für die Menschen. Bevor ein Bauer das Feld bestellt, bittet er mit traditionellen Riten und Opfergaben die Mutter Erde um Verzeihung für die Verletzungen, die er ihr zufügen wird. In aufwendigen Zeremonien gehen die Bauern mit Fackeln eine ganze Nacht auf ihrem Feld umher, streuen Cocablätter aus und vergraben Lamaföten. Auch der rituelle Dank an die Pachamama ist im ländlichen Bolivien allgegenwärtig. Bevor man selbst trinkt, wird ein kleiner Schluck des Getränkes auf dem Erdboden verschüttet.

Zwischen den Miniaturen, die die Wünsche und Sehnsüchte der Familie symbolisieren, sitzt auch ein Frosch aus Ton. Alfredo Guzman hat ihn zusammen mit den Autos und Geldbündeln an einem Stand für Opfergaben gekauft. »Der Frosch ist ein alter Mythos, der Reichtum verspricht«, erklärt die Verkäuferin mit den langen schwarzen Zöpfen, über denen ein Bowlerhut thront. »Hinter dem Calvarienberg gibt es einen uralten Frosch aus Stein, alle Welt geht dort hin, um Opfergaben niederzulegen. Der Frosch ist sehr alt – aber auch ganz aktuell. Er verbindet die Welt der Götter mit der der Menschen.«

Pater David versprengt ohne mit der Wimper zu zucken mit Hilfe einer weißen Blüte sein Weihwasser auf die Köpfe aller Umstehenden, in die offene Motorhaube und über die Opfergaben und lässt dabei auch den Frosch nicht aus. »Das ist der Synkretismus, da vermischen sich die Religionen«, meint er achselzuckend. »Die Leute sollten eigentlich wissen, welche Riten zur katholischen Kirche gehören und welche nicht, aber einigen fällt es schwer das zu unterscheiden.«

Um diese Vermischung der Religionen zu erleben, muss man nicht bei einem großen Fest dabei sein, es reicht schon der Besuch einer Kirche. Ich weiß noch gut, wie mein Mann, einst Student der Kunstgeschichte, ratlos vor der Basilica San Francisco in La Paz stand und sich fragte, welcher Stilepoche sie mit ihren maskenhaften Gesichtern in den Portalen wohl zuzuordnen sei. Die Antwort lautet: Andenbarock – eine Mischung aus barocker Architektur, die aus Spanien importiert wurde, und der künstlerischen Gestaltung indigener Handwerker, die bei den Verzierungen Elemente der prähispanischen Religionen und Lebenswelt einfließen ließen. So prangen an den Fassaden und den Schnitzereien im Innern der Kirchen oft Raubkatzen, Affen, Vögel und Blumen, manchmal sogar Gottheiten aus der Inkazeit. Und die Virgen von Copacabana hat, wenn man genau hinsieht, indigene Gesichtszüge.

Ein Fotograf macht ein Erinnerungsfoto der Familie mit Priester vor dem Wagen, und schon eilt Pater David zum nächsten

Auto weiter, während Alfredo Guzman ein Feuerwerk abbrennt und dann Schnaps und Sekt über seinen Pick-up schüttet. »Pachamama ist immer durstig«, erklärt er. »Deswegen gießen wir Alkohol über den Wagen, und wenn der auf den Boden tropft ist die Mutter Erde glücklich und dem Auto wohl gesonnen.« Er selber genehmigt sich ebenfalls einen kräftigen Schluck, und auch ich werde eingeladen.

Viele Pilger wollen ihr Auto lieber von einem Schamanen als von einem Priester segnen lassen. Wenn nicht allzu viel los ist, segnen beide an den Wochenenden einträchtig nebeneinander auf dem Kirchplatz, doch zur Hochsaison im August findet man die Schamanen ein paar Straßenzüge weiter am Ufer des Titicacasees. Dort ist nicht weniger los als vor der Basilika. Auch hier bilden sich lange Schlangen bunt geschmückter Autos, deren Besitzer geduldig auf die Segnung warten. Während der Priester vor der Basilika den Frosch mit Weihwasser besprengt, segnet umgekehrt der Schamane Victor Quispe am Ufer des Titicacasees das Bildnis der Jungfrau von Copacabana, das einträchtig mit dem Frosch auf einem Auto steht. »Sie ist auch heilig und Teil unserer Götterwelt«, meint er, und nur an seinem Achselzucken ist zu erkennen, dass er zu Hause keine dieser kitschigen Figuren stehen haben dürfte.

Der Schamane trägt eine bunte, handgestrickte Mütze und einen Poncho. Seine Zeremonie ist ungleich aufwendiger und länger als die des Paters. Cocablätter werden in alle vier Himmelsrichtungen gehalten, Räucherwerk geschwenkt und Glöckchen geläutet. »Wir sprechen mit den Berggeistern, aber besonders mit der Mutter Erde – schließlich rollen ja die vier Räder über den Erdboden, deshalb ist es wichtig, dass sie ihren Segen für das Auto gibt.« Zum Schluss der Zeremonie gießt er Bier auf alle vier Räder, auch einen Schluck davon auf die Erde und stößt dann mit den Besitzern des Wagens an, während zwei Musikanten den festlichen Augenblick mit Gitarre und Panflöte untermalen. Antonio, der Besitzer des Wagens, ist sichtlich zufrieden, jetzt ist der Segen komplett, am Vormittag war er schon vor der Basilika bei Pater David. Antonio lässt noch einen Kasten Bier bringen und feiert ein wenig, bevor er sich auf den Heimweg macht. Wir sind eingeladen – und wünschen ihm zum Abschied gute Fahrt, dass er trotz des Bieres nicht wie so viele im Straßengraben enden möge. Tatsächlich wird ausdrücklich davor gewarnt, an den großen Segnungstagen auf den Straßen um Copacabana unterwegs zu sein, es gibt einfach zu viele Unfälle wegen Trunkenheit. Antonio winkt ab. »Das Auto ist ja jetzt sogar doppelt gesegnet, da kann gar nichts passieren!«

Hochzeitszeremonie ohne Hochzeit

»Wie heißt der Berg, der zu eurem Dorf gehört?«, fragt uns der Schamane zu Beginn der Zeremonie, die er in einer kleinen Hütte nur einige Kilometer von Copacabana auf der Isla Taquile im peruanischen Teil des Titicacasee durchführt. Fragend schauen wir einander an, wir lebten damals in Köln und Berlin. »Feldberg« hören wir uns schließlich sagen. Der Schamane nickt bedächtig und fragt nach unserem Schutzheiligen. Zufällig sind wir vor ein paar Tagen im Museum in Potosí über den Heiligen Lucas gestolpert, den Schutzheiligen der Maler, und da wir beide Mitglieder der Künstlersozialkasse sind, scheint uns St. Lucas zuständig zu sein. Es sei wichtig, lokale Vertreter der Götter zu haben, die darüber wachen, dass der Wille der Mutter Erde auch erfüllt wird, erklärt der Schamane, bevor er mit der Zeremonie beginnt. Er führt für uns ein Ritual durch, wie er es sonst für Paare kurz vor ihrer Hochzeit tut, aber, so versichert er, es sei immer für Paare gut, ob die nun heiraten oder nicht. Es ist ein kompliziertes Ritual, bei dem Cocablätter geweiht und starker Schnaps getrunken wird. Immer wieder ruft der Schamane Pachamama, verschiedene alte peruanische Götter und auch den Gott unseres Berges, den Apu Feldberg an. Auch der Heilige Lucas, Jesus Christus und die Jungfrau Maria werden um Beistand gebeten, damit unsere Wünsche in Erfüllung gehen. Welche das sind, hat der Schamane schon vor einigen Tagen durch Befragung der Cocablätter ermittelt, und er hat in einer verborgenen Gasse des Marktes in Puno Miniaturen aus Zucker gekauft, die diese Wünsche symbolisieren und Pachamama im Tausch für ihre Erfüllung angeboten werden. Ein Paar mit Kind ist dabei, ein Haus, ein Auto, ein Herz und noch vieles mehr. Jede einzelne Miniatur wird emporgehoben, in alle vier Himmelsrichtungen gehalten und in einer ganz bestimmten Anordnung vorsichtig in eine sorgsam mit Cocablättern ausgeschlagene Kiste gelegt. Es dauert mehrere Stunden, bis schließlich das gesamte Zuckerwerk den Göttern geweiht ist. Sie wurden um eine glückliche Beziehung, ein Kind, Gesundheit, gute Reisen, Freundschaften, Erfolg im Job und noch vieles mehr gebeten. An dem wichtigsten Teil der Zeremonie dürfen wir nicht teilnehmen. Bei Sonnenaufgang steigt der Schamane auf den höchsten Berg der Isla Taquile und verbrennt die Kiste mit den Miniaturen. Gegen Mittag kommt er wieder. Pachamama habe das Opfer angenommen, sagt er, der Rauch sei kerzengerade aufgestiegen, der Handel gelte.

Jahre später können wir sagen: Die Wahl von Apu Feldberg und St. Lucas muss richtig gewesen sein – bislang haben sie gut darüber gewacht, dass unsere Bitten in Erfüllung gehen.

Schamanen und Wunderheiler

Wer von La Paz in die Yungas fährt, muss über den 4670 Meter hohen Pass La Cumbre. An manchen Stellen liegt verharschter Schnee auf dem steinigen Boden, der Wind weht eisig, und der Sauerstoff ist knapp. So unwirtlich, ja lebensfeindlich der Ort ist, viele Fahrer halten hier an, steigen noch ein paar Meter höher auf einen Hügel neben dem Pass und suchen einen der Schamanen auf. Die meisten sind gut vorbereitet und haben Lamaföten, die häufig als Schlachtabfälle anfallen, und Opfergaben aus Zucker, Cocablättern, 87-prozentigem Alkohol und außerdem Brennholz mitgebracht, aber das Wichtigste, nämlich die Cocablätter und den Alkohol, kann man auch vor Ort bei den Schamanen kaufen. Die meisten, die hier hinkommen, wollen nur eine kleine Zeremonie für eine sichere Fahrt über die sehr gefährliche Straße, die hinab ins Tiefland führt. Doch manche kommen auch von weit her, um wichtige Rituale durchführen zu lassen. So wie die Familie neben uns. Unter einem hohen, mit Ruß bedeckten Kreuz findet gerade eine aufwendige Zeremonie statt. Mehrere große, schon mit Fell bedeckte Lamaföten werden verbrannt, ein ums andere Mal gehen die Eltern um das Feuer herum und kippen den Alkohol in die jedes Mal hoch auflodernden Flammen. Gleich daneben liegt in eine Wolldecke gehüllt ein offenbar schwerkranker kleiner Junge auf dem Boden. Vor ihm sitzt der in einen Poncho gehüllte Schamane und spricht Beschwörungsformeln.

Indianische Priester haben bis heute eine wichtige Funktion in Bolivien. Sie bilden eine Brücke zur Welt der Götter, und Geister werden häufig um Rat gefragt. Oft sind sie zugleich Heiler und bewahren das uralte, überlieferte medizinische Wissen ihrer Region. Sie verstehen sich als Verbündete der Natur und Hüter ihrer Geheimnisse und kennen eine unüberschaubare Zahl komplizierter und äußerst zeitaufwendiger Rituale. Aus den Blättern des als heilig geltenden Cocastrauchs lesen sie, welches Ritual bei einem Problem, einem Fluch oder einer Krankheit das geeignete Gegenmittel ist. Je nach Wissen und Können bewegen sie sich im weiten Feld zwischen ärztlicher Kunst, spirituell-magischen Zeremonien und medizinisch wirksamen Heilpraktiken.

Die berühmtesten sind die Kallawaya, die aus der Region nördlich des Titicacasees kommen und in ganz Südamerika geschätzt werden. Sie gehen davon aus, dass Krankheiten durch das Vorhandensein negativer Energie im Körper eines Menschen ausgelöst werden. Bei ihren Heilungsritualen geht es darum, diese negativen Energien mit Hilfe der Götter zu vertreiben. Die Krankheiten, so sagen die Kallawaya, werden oft durch *el susto*, den »Schrecken«, verursacht, der sich in Schlaflosigkeit, Blutarmut und Durchfall äußere. In der westlichen Medizin würde man von einem Trauma sprechen, im Verständnis der Kallawaya ist das zentrale Symptom von *el susto* der »Seelenverlust«. Denn alle Menschen, so ihre Vorstellung, haben eine »große Seele«, ihr Leben, und eine »kleine«, in unserem Kulturkreis etwa mit der Psyche vergleichbar. Diese muss sorgsam gehütet werden, denn sie kommt leicht abhanden, wenn der Mensch erschrickt, etwa weil er einem wilden Tier begegnet, weil ein Blitz einschlägt oder er auf einen bösen Geist trifft. Dann bleibt seine kleine Seele am Ort dieses Schreckens zurück. Dies muss der Medizinmann zuerst im Gespräch diagnostizieren, um dann die Seele durch ein Opfer zur Rückkehr zu bewegen. Ich habe mit bolivianischen Ärzten gesprochen, die weit davon entfernt waren, den indigenen Glaubensvorstellungen anzuhängen, und die dennoch davon überzeugt waren, dass die Kallawaya mit ihren Ritualen ausgezeichnete Ergebnisse erzielen, wo Schulmediziner lange aufgegeben haben. Für die UNESCO ist die Kultur der Kallawaya so wichtig, dass sie sie auf die Liste des ideellen Weltkulturerbes gesetzt hat.

Der Siegeszug der evangelikalen Kirchen

Bis Anfang der 1980er Jahre gehörten 95 Prozent aller Bolivianer der römisch-katholischen Kirche, oder vielmehr dem Andenkatholizismus an. Inzwischen bekennen sich knapp 20 Prozent zu einer der evangelikalen Glaubensgemeinschaften. Vor allem um die Jahrhundertwende schossen sie wie Pilze aus dem Boden. Mehr als einmal fand ich, als ich ins Kino wollte, den einstigen Saal des Lichtspielhauses in eine Kirche verwandelt vor. Was da geboten wurde, war nicht weniger spannend als ein Film. Große Tafeln weisen am Eingang auf die Inhalte der verschiedenen Messen hin. Da gab es montags allgemeine Wunder, dienstags Hilfe bei Arbeitslosigkeit, mittwochs bei Hexerei, donnerstags ging es um familiäre Probleme, freitags war die Gesundheit dran, und der Samstag war den hoffnungslosen Fällen gewidmet. Drinnen saßen äußerst korrekt, aber zugleich ärmlich gekleidete

Menschen, die inbrünstig die aus scheppernden Lautsprechern ohrenbetäubend lauten christlichen Popsongs mitsangen.

Dass die evangelikalen Kirchen mit massiver finanzieller und logistischer Unterstützung aus den USA nicht nur in Bolivien, sondern in ganz Lateinamerika und übrigens auch in Afrika zunehmend Fuß fassen, hat mehrere Gründe. »In einer Welt, die immer mehr an Struktur verliert und immer unübersichtlicher wird, suchen die Menschen einen festen Rahmen, an den sie sich halten können«, erklärte mir ein katholischer Missionar in Bolivien. »Außerdem ist die Wahl einer neuen Kirche auch eine Art Emanzipation. Man ist eben nicht in der katholischen Kirche wie seine Eltern, sondern hat etwas Eigenes. Die Sekten sind klein und überschaubar, keine Weltkirche, die von Rom gelenkt wird.«

Noch wichtiger scheint mir aber ein anderer Grund zu sein: Alkohol ist ein zentraler Bestandteil aller traditionellen Feste im Andenhochland, und sein Missbrauch ist sowohl auf dem Land als auch in der Stadt ein ernsthaftes Problem. Wie viel getrunken wird, zeigt diese Zahl: Paceña, Boliviens beliebteste Brauerei, trägt in manchen Jahren bis zu 16 Prozent zum Steueraufkommen des Staates bei. Ein guter Teil des Familieneinkommens wird vertrunken, und es gibt in den Familien auch wegen des Alkohols häufig Gewalt gegen Frauen und Kinder. Die evangelikalen Kirchen lehnen allesamt Alkohol vehement ab. Ihre Mitglieder sparen dadurch viel Geld, und die Familien sind stabiler, allein das verschafft den Sekten Zulauf. Da Alkohol aber zwingend zu den andinen Festen gehört, grenzen sich die Anhänger der Sekten fast zwangsläufig aus den Dorfgemeinschaften aus. Gleichzeitig sind die Evangelikalen weniger flexibel als der Katholizismus, sie verbieten ihren Mitgliedern die Verehrung alter Gottheiten wie der Pachamama und lehnen auch andere Elemente der alten Kultur wie etwa die traditionelle Musik ab. Dies führt mancherorts zu heftigen Auseinandersetzungen. So zerstörten 2004 aufgebrachte *indígenas* in dem Dorf Chucarasi eine evangelikale Kirche, weil deren Mitglieder ein traditionelles Fest boykottiert hatten, das die alten Götter wohlgesonnen stimmen sollte. Wegen dieser Verweigerung, so hieß es, hätten die Götter die Ernte mit einem Hagelsturm zerstört. Ein Mitarbeiter der deutschen Kindernothilfe, die in Projekten unter anderem versucht, benachteiligten Kindern ihre kulturelle Identität näherzubringen, erzählte mir, dass in manchen Andendörfern bereits die Hälfte der Einwohner Anhänger der evangelikalen Kirchen sind. Hier, so hat er beobachtet, gehe die indigene Kultur mit ihren Tänzen, Liedern und Trachten nach und nach verloren. Es war deshalb wenig überraschend, dass Evo Morales im Zuge der allgegenwärtigen Rückbesinnung auf die indigene Kultur 2018 angekündigt hat, dass die evangelikale Missionierung verboten wird, verfassungsmäßig garantierte Religionsfreiheit hin oder her. Nach heftigen Protesten wurde die erste Version des Verbots wieder zurückgezogen, was daraus wird, ist unklar. Außerdem sind Steuern auf die Spenden der Gläubigen im Gespräch. Von solchen Überlegungen bleibt auch die katholische Kirche nicht verschont, was durchaus in das Konzept der Dekolonialisierung passt.

Potenzial für eine Diktatur

Es gibt die Idee, dass man daran, wie häufig das Porträt des Staatsoberhauptes in der Öffentlichkeit zu sehen ist, erkennen kann, wie es um die Demokratie des Landes bestellt ist. Wenn das stimmt, dann sieht es für Boliviens Demokratie schlecht aus. »Evo überall« lautet der Spitzname des Präsidenten, und ja, sein Konterfei ist wirklich allgegenwärtig. Es prangt auf jeder Gondel des Teleféricos, auf jeder Karte mit Sicherheitshinweisen der staatlichen Fluglinie BOA, ja sogar auf jedem einzelnen Müsliriegel, dessen Hauptbestandteil natürlich das Inkakorn Quinoa ist, ist er abgebildet. Sein Name steht auf jedem der zigtausend neu gebauten Ziegelbauten, und wann immer es etwas einzuweihen oder einen Grundstein zu legen gilt, ist er dabei. Auch Testfahrten der neuen Teleféricolinien lässt er sich nie entgehen.

Auf der anderen Seite sind da Lehrer, die ihre Aussagen selbst zensieren, wenn sie vor ihrer Klasse stehen, wer weiß schon, was die Schüler zu Hause erzählen? Da sind Mitarbeiter und Leiter von lokalen NGOs und kirchlichen Verbänden, die genau überlegen, wem sie was sagen, und stets abwägen müssen, welche Projektinhalte für die Regierung gerade noch akzeptabel sind. Anstellungen in der Verwaltung oder in einem der staatlichen Unternehmen gibt es zumeist nur mit MAS-Parteibuch. Am Anfang jedes Gespräches beeilen sich alle, wenigstens einmal den plurinationalen Staat und »unser neues Bolivien« zu loben, und scheinen dann innerlich einen Haken an diesen offenbar wichtigen Punkt zu machen. Die Beteiligung von Bürgern an Entscheidungsprozessen wird vermieden, gern mit der Begründung, dass die linke Regierung schließlich wisse, was das Volk wolle. »Es hat das Potenzial für eine Diktatur«, war die Zusammenfassung des Südamerikareferenten von Kolping International nach seinem Besuch im Land. Und der Vorsitzende der Bischöflichen Kommission Adveniat, Franz-Josef Overbeck, erklärte öffentlich, er sähe die Demokratie in Gefahr.

Auch immer mehr Bolivianer haben inzwischen Sorge um den Rechtsstaat. Bei meinem letzten Besuch entdeckte ich an den Mauern von La Paz, ja sogar in El Alto etwas, das ein paar Jahre zuvor undenkbar gewesen wäre: Zwischen den vielen »Evo Sí«-Graffiti waren einige, die mit »No« übersprüht waren. Andere waren mit »corrupto« übermalt. Nach und nach wird bekannt, an wie vielen lukrativen Geschäften der Präsident und sein Vize beteiligt sind. An der Kette Farmacia Boliviana, die viele kleine, unabhängige Apotheken verdrängt hat, an den bolivianischen Niederlassungen von Toyota und Coca Cola. Und das seien nur einige Beispiele, versichert man mir von verschiedenen Seiten. Außerdem gibt es viel Kritik am neuen Präsidentenpalast, dem »Großen Haus des Volkes«, ein 29-stöckiges Hochhaus, das mitten in der historischen, von den Spaniern erbauten Altstadt von La Paz hochgezogen wurde – Dekolonialisierung eben. Der Bau hat fast 30 Millionen Euro gekostet, der Präsidentenbereich ist mit Sauna, Jacuzzi und Fitnesscenter ausgestattet. Solche kritischen Töne sind neu, in der ersten und zweiten Amtszeit war außer von den Ultrarechten eigentlich nur Zustimmung zu hören.

Und dann hat die Regierung auch noch einen ganz handfesten Korruptionsskandal, bei dem es nicht nur um Kleinkram geht. 2015 wurde bekannt, dass beim Fondo indígena – dem Indigenen Fonds – 6,8 Millionen Dollar veruntreut und auf Privatkonten abgezweigt wurden. Gegen 205 Verdächtige wurde ermittelt, darunter eine Ex-Ministerin für ländliche Entwicklung, sowie gegen weitere Vertreter der Regierung, Gewerkschaften und indigener Verbände. Die Beschuldigten hätten nicht existierende »Geisterprojekte« über den Fondo indígena abgerechnet und sich persönlich bereichert, so die Generalstaatsanwaltschaft. Überhaupt hat die strukturelle Korruption in Bolivien zugenommen. Früher gab es wenig bis nichts zu verteilen, doch seitdem dank der Verstaatlichung der Energiereserven Geld da ist und Budgets verteilt werden, ist das anders. Um die Bürokratie zu vermindern, werden staatliche Aufträge zum allergrößten Teil nicht mehr ausgeschrieben, sondern direkt vergeben. Auch die politische Korruption ist ein großes Thema: Gemeinden und Verbände, die der Regierung zujubeln, bekommen Geld, wer Kritik übt, bekommt keins. Es ist eine analoge Entwicklung zu Venezuela und Nicaragua.

Widerstand und Gegenwehr

Das Haus des Bischofs in Cochabamba im Juli 2017: Unter einem übergroßen Gemälde mit dem Konterfei des Papstes haben sich im Veranstaltungssaal der katholischen Kirche die Teilnehmer einer Konferenz versammelt, die sich mit zwei der großen Themen Boliviens beschäftigen sollte: dem Bergbau und dem Bau von Staudämmen. Es war schwierig, einen Saal zu mieten, an dem diese Veranstaltung stattfinden kann, viele Vermieter von entsprechend großen Räumen lehnten ab, bis die Diözese schließlich zusagte – ganz in der Tradition der Befreiungstheologie der 1970er und 80er Jahre, als sich weite Teile der katholischen Kirche Lateinamerikas für eine basisdemokratische Gesellschaft einsetzten – damals allerdings gegen rechte Regime. Eingeladen hat das Informations- und Dokumentationszentrum CEDIP, gekommen sind Umweltschützer aus ganz Südamerika, vor allem aber Bürger aus Bolivien. Sie kommen aus allen gesellschaftlichen Schichten, es sind Indigene aus den unterschiedlichsten Regionen, Mestizen und Weiße. Ja, Evo Morales vereint die Völker Boliviens doch, denke ich mir, wenn auch ganz anders als gedacht.

»Ich habe mich nie für Politik interessiert«, sagt mir ein Teilnehmer aus der weißen Oberschicht. »Aber jetzt kann ich einfach nicht mehr die Augen vor dem verschließen, was mit der Umwelt passiert.« Neben ihm steht ein Indigener aus dem TIPNIS und berichtet davon, wie im Nationalpark gejagt wird und der Wald des Amazonas schwindet. Über die Frage nach der Umwelt entsteht hier eine neue, geeinte Bürgerbewegung. Bei den verschiedenen Beiträgen geht es um chinesische Investitionen, um Abholzung und Wassermangel und um die Unterdrückung jeglicher Kritik. Gleichsam als Zeugen kommen Vertreter von betroffenen Gemeinden auf die Bühne und erzählen von den Problemen, die es in ihren Dörfern plötzlich gibt: Die Vertreterin eines Dorfes am Rande des Nationalparks Madidi erzählt, dass ihre Gemeinde umgesiedelt werden soll, weil sie einem Staudamm im Weg ist. Ähnliches sagt ein Teilnehmer aus dem Departamento Santa Cruz. Eine Bäuerin aus dem Departamento Oruro berichtet von neuen Minen: Seit sie eröffnet wurden, seien die Quellen versiegt und die Leuten wüssten nicht, wie sie ihre Lamas tränken sollen. Ein Anwohner der offenen Silbermine San Cristóbal in Potosí erzählt von verseuchtem Wasser, das die Schafe vergifte. Alle haben versucht zu protestieren, aber bei der Regierung kein Gehör gefunden.

Die Verzweiflung ist nicht zu überhören, manchen bricht auf der Bühne die Stimme. Egal mit wem man hier spricht, alle eint die Sorge, dass Bolivien von China nicht nur das Geld für Investitionen an-, sondern auch das politisch-wirtschaftliche Model des Staatskapitalismus, in dem kritische Stimmen mundtot gemacht werden, übernimmt. »Wir müssen unsere Mutter Erde verteidigen«, sagt der Abgesandte aus Potosí und erntet für dieses Schlusswort großen Applaus.

Sind das Einzelfälle? Oder hat das System? Wie schlimm ist es tatsächlich um die Demokratie und den Rechtsstaat in Bolivien bestellt? In den Kneipen des Studentenviertels Sopocachi in La Paz erzählt man mir Gerüchte über einen Geheimdienst, über Zellen im Regierungspalast, in denen Oppositionelle und kritische Journalisten für einige Tage festgehalten werden und nach ihrer Entlassung erstaunlich handzahm sind. Nichts davon lässt sich erhärten, doch die Zahlen und Fakten, die internationale

Organisationen sammeln, sind auch ohne solche Schauergeschichten besorgniserregend. Auch dass die Regierung dem UN-Hochkommissar für Menschenrechte 2017 nicht erlaubte, weiter sein Landesbüro in Bolivien zu unterhalten, gibt zu denken.

Reporter ohne Grenzen bringt jedes Jahr eine Rangliste der Pressefreiheit heraus. Darin wird die Situation für Journalisten und Medien in 180 Staaten und Territorien verglichen, freier Zugang zu Informationen, Repressalien, Übergriffe und Verhaftungen fließen in die Bewertung ein. 2006, als das Vorjahr unter Carlos Mesa betrachtet wurde, stand Bolivien auf dieser Liste gemeinsam mit Kanada und Österreich auf Platz 16. Seither ging es stetig und rasant bergab, 2018 erreichte das Land nur Platz 110. »Drohungen und Gewalt gegen Journalisten sind keine Seltenheit, auch Morde kommen vor. Immer wieder werden Reporter bei Demonstrationen verletzt. Verleumdung kann mit Haft bestraft werden. Zu den weiteren problematischen Gesetzen gehört ein Verbot von Berichten über die Positionen und Programme der Kandidaten für Wahlämter in der Justiz«, steht im Begleittext zur Rangliste.

Das deckt sich mit dem, was mir Journalisten erzählen. Als »Bande von Lügnern« werden sie in Hetzkampagnen bezeichnet, man versuche, sie mundtot zu machen, entweder durch Einschüchterungen oder durch den Entzug der Finanzen – Regierungsanzeigen sind eine der Haupteinnahmequellen der bolivianischen Medien. Und nicht nur das. Die kritische, sehr anerkannte linke Journalistin Amalia Pando verlor auch private Werbekunden, sie waren unter Druck geraten. Nelson Martinez Espinoza, Vorsitzender der Journalistischen Vereinigung von La Paz, musste dabei helfen, den Journalisten Wilson Garcia Merida erst in ein sicheres Haus und dann ins Exil zu bringen, er war wegen Landesverrats angeklagt worden, nachdem er über Korruption in der Regierung berichtet hatte.

Die Berichte von Amnesty International sind ebenfalls wenig ermutigend. Sie bemängeln Jahr für Jahr, dass die Rechte indigener Bevölkerungsgruppen, insbesondere im Amazonastiefland, durch Ölbohrungen, Staudämme und andere Projekte missachtet würden. Es fehle die »freie, vorherige und informierte Zustimmung« der indigenen Bevölkerung bei Vorhaben auf indigenem Gebiet. In den Berichten taucht auch immer wieder das neue NGO-Gesetz Boliviens auf. Es wurde eingeführt, weil, so der Vizepräsident, manche NGOs einen »imperialen Umweltdiskurs« unterstützten und dabei »internationalen Interessen« dienten. Seit 2013 werden durch das Gesetz internationale und bolivianische nichtstaatliche und gemeinnützige Organisationen sowie Stiftungen in ihrer Arbeit beschränkt. USAID wurde schon lange vor dem Erlass des NGO-Gesetzes des Landes verwiesen, 2014 musste auch die dänische Organisation IBIS Bolivien verlassen, weil sie kritische Radiosender unterstützt hatte, die das Regierungshandeln im Tiefland hinterfragten. Vor allem aber trifft das Gesetz bolivianische Organisationen. Als ich einen Bericht über den Zustand des Titicacasees machen wollte, waren die bolivianischen Umweltschützer längst in Deckung gegangen, sie äußerten sich nicht mehr öffentlich zu Abwässern und Quecksilber aus dem Bergbau, sondern verwiesen auf die Kollegen in Peru.

Das neue Gesetz besagt, dass NGOs ihre Ziele nun im Einklang mit den Zielen des Entwicklungsplans der Regierung bringen müssen. Was das konkret bedeutet, dafür wurde von der Organisation Fundación Tierra ein anschauliches Beispiel gegeben: »Wenn die Regierung entscheidet, dass das Beste für Bolivien ist, das Modell der Soja-Monokultur auszuweiten, weil es die Einnahmen steigert, dann müsste unsere Organisation daran arbeiten, dass diese Ziele erreicht werden«, erklärte deren Direktor Gonzalo Colque der Zeitschrift »Lateinamerika-Nachrichten«. »Wenn wir anstreben, Soja-Monokultur zu reduzieren, weil es sowohl ökologisch als auch auf sozialer Ebene gesehen kein nachhaltiges Modell ist, dann wird das als offene Opposition zur Regierungspolitik aufgefasst.« Und die ist nun illegal, genauso wie die politische Arbeit und Regierungskritik von NGOs. Der Sonderberichterstatter der Vereinten Nationen zur Versammlungsfreiheit kritisierte das Gesetz als unvereinbar mit den Menschenrechten, weil dadurch Organisationen daran gehindert werden, staatliche Menschenrechtsverletzungen zu kritisieren.

Die Fundación Tierra hat gemeinsam mit CEDIP und zwei weiteren Organisationen vor der interamerikanischen Menschenrechtsorganisation eine Eingabe gegen das NGO-Gesetz vorgebracht. »Es darf nicht so sein, dass es innerhalb der Zivilgesellschaft keinen Raum gibt, als Aktivist zu arbeiten oder die Menschenrechte zu verteidigen. Wir sind der Meinung, dass das verfassungswidrig ist«, meinte Gonzalo Colque. Die Reaktion der Regierung ließ nicht lange auf sich warten: »Es werde gravierende Folgen haben, dass wir mit der Eingabe bei der Menschenrechtskommission unseren Ungehorsam gegenüber der staatlichen Autorität bewiesen hätten«, zitiert Marco Gandarillas, Direktor von CEDIP, ein Schreiben der Regierung. Ich treffe ihn zwischen Kartons und halb eingeräumten Regalen in den neuen Räumen der Organisation. CEDIP waren kurz zuvor fristlos die Räume in der staatlichen Universität von Cochabamba gekündigt und die Konten eingefroren worden. Marco wirkt erschöpft, die letzten Monate waren stressig, und es war schwierig neue Räume zu finden. Aber er ist auch erleichtert, dass er und seine Mitarbeiter nun nicht mehr täglich von Studentenführern und Universitätspersonal schikaniert werden. »Wir wurden sogar körperlich bedroht, und der Universitätsdirektor tat nichts, um uns zu verteidigen. Er sagte, wir seien selbst für unsere Sicherheit verantwortlich.« Ständig gäbe es öffentliche Attacken, in denen CEDIP als Agent des Imperialismus beschimpft werde, und immer dann, wenn sie mal wieder mit Kritik an die Öffentlichkeit gingen, würden Dokumentationen und Bescheinigungen gefordert und Strafzahlungen angedroht. »Das alles schafft eine Atmosphäre der Verunsicherung und der Bedrohung«, fasst Marco Gandarillas die Lage zusammen.

Der Präsident, der nicht aufhören will

Evo Morales ist inzwischen der dienstälteste Präsident Südamerikas und zugleich derjenige, der Bolivien bislang am längsten regiert hat. Um die 200 Staatsführer hat das Land im Laufe seiner Geschichte gehabt, wobei sich einige nur für ein paar Tage oder gar Stunden an die Macht geputscht und zum Präsidenten ausgerufen hatten und dann gleich wieder abgesetzt wurden. Die übrigen waren im Schnitt nur zwei Jahre im Amt. Obwohl er also alle Rekorde gebrochen hat, ist Evo Morales fest entschlossen, noch länger der 84. Präsident des Landes zu bleiben. Bis 2025, wenn die *Agenda Patriótica* umgesetzt sein soll, werde er als Führer des Landes gebraucht. Dazu müsste er ein viertes Mal gewählt werden. Doch die Verfassung schreibt vor, dass Präsidenten nur zwei Amtszeiten lang regieren dürfen. Evo Morales hatte zugesagt, sich an diese Begrenzungen zu halten, dennoch trat er 2015 ein drittes Mal an, die Begründung dafür war, dass es diese Verfassung ja bei seiner ersten Amtszeit noch nicht gegeben habe. Böse Stimmen behaupten sogar, er habe nur deshalb eine neue Verfassung auf den Weg gebracht.

In einem Referendum ließ der Präsident dann 2016 die Bolivianer darüber abstimmen, ob er im Oktober 2019 ein viertes Mal antreten dürfe. Die lehnten mit knapper Mehrheit ab, das Verfassungsgericht erlaubte es jedoch und folgte dem Antrag der MAS, vier Artikel der Verfassung zu modifizieren. Mit dem Urteil erhalten nun auch Gouverneure, Bürgermeister, Abgeordnete und Senatoren die Chance auf eine Wiederwahl. Der Oppositionschef nannte das Urteil »einen Staatsstreich gegen die Demokratie«, und der Generalsekretär des Gewerkschaftsdachverbandes fand es »besorgniserregend, dass das Verfassungsgericht die Verfassung des Staates nicht respektiert«. Da passte es gut, als Angela Merkel 2017 zum vierten Mal wiedergewählt wurde. Evo Morales gratulierte öffentlichkeitswirksam und twitterte: »Eine unbeschränkte Wiederwahl macht Sinn, das garantiert Nachhaltigkeit.« Das ist ein Argument, das ich häufiger zu hören bekam.

Meine Einwände, dass es aber auf der anderen Seite in Deutschland eine funktionierende Gewaltenteilung und eine Kontrolle der Regierung gibt, wurden weggewischt. Dass er das Referendum missachtet und noch einmal zur Wahl antritt, ist so etwas wie die Achillesferse von Evo Morales, eine verwundbare Stelle, auf die die Opposition gern abzielt. »Bolivia dijo no« – »Bolivien hat nein gesagt« – das ist der neue Schlachtruf, vor allem im Tiefland. Im Internet kursieren dazu Lieder und Gegenlieder auf die Melodien populärer Songs, der Vizepräsident bezeichnet die sich formierende Bewegung als intolerant und faschistisch und wirft Oppositionspolitikern vor, die Skandierer zu bezahlen. Dabei hat der Wahlkampf noch lange nicht angefangen.

Evo Morales wird also ein viertes Mal kandidieren, zumal es in der MAS keinen Nachfolger gibt, der an seiner Stelle antreten könnte. Doch eine absolute Mehrheit wie bei den ersten drei Wahlen wird er aller Voraussicht nach nicht wieder erreichen, zumindest dann nicht, wenn es bei der Wahl mit rechten Dingen zugeht. Die Demoskopen sahen für ihn im Herbst 2018 noch 34 Prozent Zustimmung, Tendenz fallend. Er wird also einen Koalitionspartner brauchen. Aber wer soll das werden? Eine zweite, auch nur halbwegs starke eher linksgerichtete Partei, die dafür in Frage käme, gibt es nicht. Evo, den indigenen Präsidenten, zu kritisieren war gleichbedeutend mit Rassismus, Linke hatten nur die Wahl sich der MAS anzuschließen oder in der Bedeutungslosigkeit zu verschwinden.

Der aussichtsreichste Gegenkandidat ist zweifellos der Historiker Carlos Mesa, der unter der Fahne der FRI (Frente Revolucionario de Izquierda) antritt. Die Partei mit Maoistischem Ursprung war eigentlich schon in der Bedeutungslosigkeit verschwunden, aber noch registriert. Statt für eine der Oppositionsparteien anzutreten, die ihn allesamt heftig umwarben, tritt Mesa quasi im Alleingang an und bedient sich dabei desselben wahlrechtlichen Tricks wie Evo Morales, als dieser die MAS übernahm. Mesa war von 2003 bis 2005 schon einmal als parteiloser Präsident, nachdem Gonzalo Sánchez de Lozada aus dem Amt gejagt worden war. Er war damals sowohl von links als auch von rechts respektiert worden, benannte vor der UN die Probleme des Landes mit dem Internationalen Währungsfonds und dem Ausverkauf der Rohstoffe klar, hatte aber nicht die Durchsetzungskraft, um etwas Grundsätzliches im Lande zu ändern. Ein Jahr vor der Wahl liegt er bei Umfragen gleichauf, manchmal sogar vor Evo Morales. Keiner der Spitzenkandidaten der übrigen Oppositionsparteien erreicht auch nur annähernd solche Werte, und so dürfte die Wahl auf einen Zweikampf zwischen dem Historiker und dem Cocabauern hinauslaufen. Nur wenige Wochen nachdem Mesa seine Kandidatur bekannt gegeben hatte, wurden schon die ersten Korruptionsvorwürfe gegen ihn ausgegraben.

In den vergangenen Jahren hatten es die Kandidaten der Opposition äußerst schwer, sich Gehör zu verschaffen. »Evo überall« nutzte seine Position als Präsident, um bei jeder sich bietenden Gelegenheit vor die Kameras zu treten. Gleichzeitig berichtete die weitgehend gleichgeschaltete Presse ausführlich über die Erfolge des Präsidenten und die angeblichen Verfehlungen der Gegenkandidaten. Die wurden schikaniert, mit Anklagen überhäuft, landeten gar in Untersuchungshaft. Bis sich schließlich auch offiziell herausgestellt hatte, dass an den Anschuldigungen nichts dran war, war ihr Wahlkampf nachhaltig und empfindlich gestört. Allein gegen den Oberbürgermeister von La Paz liefen 2017 zwischen 30 und 40 Prozesse. Er bekam es auch mit von der MAS organisierten Protesten zu tun, als er erklärte, bei Gebäuden mit mehr als fünf Stockwerken künftig auf die Einhaltung der Bauvorschriften bestehen zu wollen.

Wie fair und frei werden die Wahlen ablaufen, wo doch schon das Antreten des Präsidenten höchst fragwürdig ist? Wird Evo Morales ein womöglich negatives Ergebnis akzeptieren, sich einen Koalitionspartner suchen und seine Politik entsprechend anpassen oder sogar seinen Hut nehmen? Oder wird er im Zweifel den Wählerwillen ignorieren und einfach weitermachen, so wie nach dem Referendum? Darauf weiß im Moment niemand eine Antwort. Auf eine andere Frage schon: ob sie Sorge haben, dass in Bolivien Zustände wie im befreundeten Venezuela herrschen könnten. Die Gruppe von Dorfbewohnern am Titicacasee, von denen ich das wissen möchte, weiß wenig über die Chinesen, Bergwerke und den TIPNIS. Doch die Nachrichten über die immer verzweifelter werdende Lage in Venezuela sind in Titu Yupanqui angekommen, und sie alle sind sauer auf Evo Morales, weil er trotzdem noch zum venezolanischen Präsidenten Maduro hält. Sorgen, dass es in Bolivien ähnlich kommen könnte, haben sie aber nicht. »Das lassen wir uns nicht gefallen. Dann setzen wir Evo Morales eben ab, wäre ja nicht das erste Mal.« Das ist keine leere Drohung, die meisten seiner 83 Vorgänger wurden nicht abgewählt, sondern aus dem Amt vertrieben. Es bleibt auf jeden Fall spannend in Bolivien.

Anhang

Dank

Ulrich Bartels für die Memoiren seines nach Bolivien geflüchteten Onkels.

Eva und Werner Guttentag für ihre Freundschaft und geschichtliche Rückblicke.

Jhonny Herbos, Pusisuyu, für eine unvergessliche Reise zu den Kartoffelbauern nach Norte Potosí.

Kolping Bolivien für eine ganz besondere Tour durch El Alto.

Dr. Andrea Kramer, GIZ, für die Hintergründe zur internationalen Zusammenarbeit.

Christian Nusch für seine jahrelange Begleitung nicht nur auf Reisen durch Bolivien und die Fotos, die dabei entstehen.

Christian und Michael Schöttle, Andesuma Tours, für die vielen Einblicke in das tägliche Leben von Auslandsdeutschen in Bolivien.

Peter Strack, Interteam, für lange Hintergrundgespräche und die Kontakte zum *buen vivir.*

Zeitschriften, Literatur, Filme und Hörbuch

Zeitschriften

Die folgenden Zeitschriften beschäftigen sich mit Gesellschaft, Politik und Entwicklung in Lateinamerika und haben online reichhaltige Archive, in denen auch viele Artikel zu Bolivien zu finden sind.

www.lateinamerika-nachrichten.de
www.amerika21.de
www.welt-sichten.org
www.ila.web.de

Literatur

Acosta Espinosa, Alberto: Buen Vivir. Vom Recht auf ein gutes Leben, München 2016.
Der ecuadorianische Wirtschaftswissenschaftler ist einer der führenden Theoretiker des Konzeptes buen vivir. In seinem Buch erklärt er, was dahintersteckt und auch, wo die Utopie an ihre Grenzen stößt.

García Linera, Álvaro: Vom Rand ins Zentrum. Die Neugestaltung von Staat und Gesellschaft in Bolivien, Zürich 2012.
Interviews und Essays des Vizepräsidenten Boliviens, die einen Einblick in die Denkweise der Regierung von Evo Morales geben.

Ghinsberg, Yossi: Dem Dschungel entkommen, München 2017.
Der Erlebnisbericht lässt den Leser den Kopf schütteln über die Dummheit der Abenteurer, die sich reichlich blauäugig in den Dschungel aufmachten und dabei den Grundstein für Rurrenabaque als Touristenort legten.

Lessmann, Robert: Evo Morales und seine demokratische Revolution, Zürich 2010.
Um zu veranschaulichen, wie sich Bolivien mit der Wahl Evo Morales' verändert, beschreibt der Autor nicht nur sehr wohlwollend die ersten Jahre der MAS-Regierung, sondern blickt auch auf die Geschichte zurück, die zu dem Wechsel geführt hat.

Nickoleit, Katharina: Bolivien kompakt, Markgröningen 2018.
Der Bolivienreiseführer der Autorin dieses Buches.

Poma, Muruchi: Evo Morales. Die Biografie, Leipzig 2007.
Das Buch ist zwar weniger eine Biografie als eine Hommage und alles andere als objektiv, bietet jedoch eine Fülle an Detailinformationen über Evo Morales und einen Einblick in das Seelenleben seiner Anhänger.

Poppe, René und Wicky, Jean-Claude: Die Kumpel vom Tío. Geschichten aus den Gruben Boliviens, Oberndorf 2014.
Der bolivianische Autor nimmt seine Leser mit auf eine Reise in die Tiefe des Cerro Rico. Dabei erzählt er ebenso eindrücklich wie einfühlsam die persönlichen Geschichten von Bergarbeitern aus Potosí. Die Texte werden durch beeindruckende Fotos ergänzt.

Spitzer, Leo: Hotel Bolivia. Auf den Spuren der Erinnerung an eine Zuflucht vor dem Nationalsozialismus, Wien 2003.
Bolivien war kurz vor dem Ausbruch des Zweiten Weltkrieges eines der wenigen Länder, die jüdische Flüchtlinge aufnahmen. Der im bolivianischen Exil geborene Autor machte sich auf die Spurensuche in den Anden und verknüpft deutsche mit bolivianischer Geschichte.

Young, Rusty: Marschpulver. Eine wahre Geschichte von Korruption, Koks und einer unglaublichen Freundschaft im krassesten Knast der Welt, München 2015.
Das Buch erzählt die Geschichte des Drogenhändlers Thomas McFadden, der fünf Jahre im Gefängnis San Pedro in La Paz absaß. Erst beim Anblick der Fotos beginnt man langsam zu glauben, dass das tatsächlich alles wahr ist.

Filme

Bollaìn, Icíar: Und dann der Regen, 2010.
Ein Filmteam will in Cochabamba drehen und gerät im »Wasserkrieg« zwischen die Fronten. Ein vielschichtiger, ironischer Film, der spannend erzählt und wunderschön gedreht ist. Die Musik tut ein Übriges für den Filmgenuss.

Boynton, Rachel: Our brand is crisis, 2005.
Der später als Politsatire unter dem Titel »Die Wahlkämpferin« mit Sandra Bullock von Hollywood verfilmte Dokumentarfilm begleitet ein amerikanisches Beraterteam dabei, wie es Gonzalo Sánchez de Lozada zum Wahlsieg verhilft. Eine seltene Innenansicht des Politikbetriebs mit Einblicken in die Denkweise der weißen bolivianischen Oberschicht.

Soderberg, Steven: Che – Teil 2: Guerilla, 2009.
Der zweite Teil der aufwendigen Kinoproduktion über Che Guevara spielt fast ausschließlich in Bolivien. Er erzählt eindrücklich von dem von vornherein zum Scheitern verurteilten Versuch der Revolution. Obwohl das Ende von Anfang an feststeht, ist der Film spannend.

Wicky, Jean-Claude: Alle Tage ist Nacht, 2010.
Der vielfach ausgezeichnete Dokumentarfilm entführt seine Zuschauer in die Tiefen des Cerro Rico von Potosí. Der Film zeigt nicht nur den harten Alltag der Bergarbeiter, sondern auch ihre lebendigen Traditionen. Dieses kleine filmische Juwel kommt seinen Protagonisten und ihrem Leben außerordentlich nahe, ohne ihnen dabei ihre Würde zu nehmen.

Hörbuch

Müller, P.F., Koppelmann, L., Müller, M.: Klaus Barbie. Begegnung mit dem Bösen. WDR, Köln 2014.
Das investigative Doku-Hörspiel geht auf die Spuren des Nazi-Schlächters Klaus Barbie, der nach dem Zweiten Weltkrieg unter dem Namen Klaus Altmann nach Bolivien ging und dort seine blutige Karriere als Befehlshaber von Todesschwadronen fortsetzte.

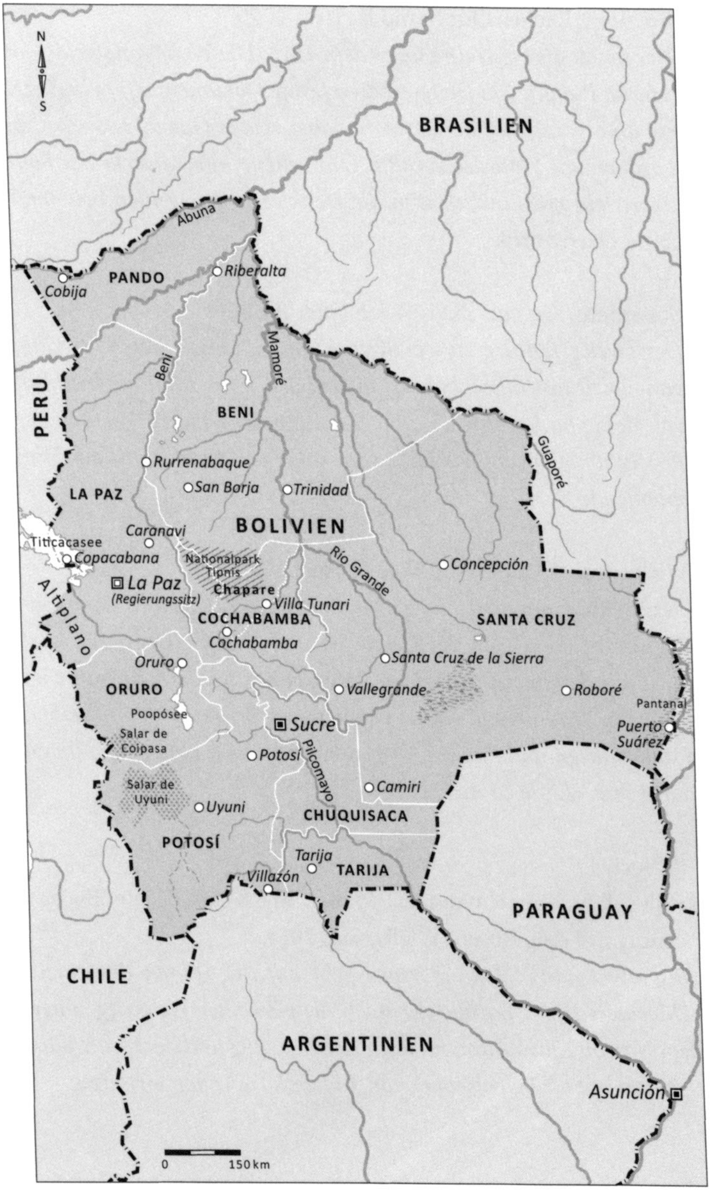

N
S
BRASILIEN
Abuna
PANDO
Cobija
Riberalta
PERU
Beni
Mamoré
BENI
Guaporé
Rurrenabaque
San Borja
Trinidad
LA PAZ
BOLIVIEN
Caranavi
Titicacasee
Copacabana
Nationalpark Tipnis
La Paz
(Regierungssitz)
Chapare
Río Grande
Concepción
Altiplano
Villa Tunari
COCHABAMBA
Cochabamba
SANTA CRUZ
Santa Cruz de la Sierra
Oruro
ORURO
Vallegrande
Roboré
Poopósee
Pantanal
Salar de Coipasa
Sucre
Puerto Suárez
Potosí
Pilcomayo
Salar de Uyuni
Camiri
Uyuni
CHUQUISACA
POTOSÍ
Tarija
TARIJA
Villazón
PARAGUAY
CHILE
ARGENTINIEN
Asunción
0
150 km

Basisdaten

Fläche: 1 098 581 km² (Deutschland: 357 386 km²)

Geografie: Im Westen erstreckt sich zwischen zwei weit auseinanderliegenden Bergketten der Anden das zentrale Hochland. Richtung Osten laufen die Anden im Norden über das niedrigere Bergland in das Amazonasbecken aus, im Süden in die trockenen Savannen des Gran Chaco.

Nachbarländer: Brasilien, Paraguay, Argentinien, Chile, Peru

Höchster Berg: Sajama, 6542 Meter

Staatsform und Regierungssystem: Republik mit Präsidialsystem

Hauptstadt: Nominell Sucre (280 000 Einwohner), Regierungssitz ist La Paz (1 Mio. Einw.)

Metropolen: La Paz/El Alto (2,3 Mio. Einwohner), Santa Cruz (1,6 Mio. Einw.), Cochabamba (1,2 Mio. Einw.)

Bevölkerung: ca. 11 Mio., Wachstumsrate: ca. 1,48 % pro Jahr (Deutschland: 82,7 Mio.)

Bevölkerungsdichte: 10 Einwohner/km² – in den Städten wesentlich höher (Deutschland: 231 Einwohner/km²)

Lebenserwartung: Männer: 66,4 Jahre, Frauen: 72,1 Jahre

Zusammensetzung der Bevölkerung: 60 % Indigene, 30 % Mestizen, 5 % Weiße, 5 % Sonstige

Indigene Völker: Die Quechua (30,7 %) und Aymara (25,2 %) sind die beiden größten Völker. Insgesamt leben in Bolivien 37 verschiedene indigene Bevölkerungsgruppen.

Landessprachen: Spanisch, Quechua, Aymara und 33 weitere indigene Sprachen

Bruttoinlandsprodukt (BIP): 37 Mrd. USD (2017) (Deutschland: 3677 Mrd. USD)

Bruttoinlandsprodukt pro Kopf: ca. 3394 USD (2017) (Deutschland: 44 469 USD)

Armutsquote: 65 % (Deutschland: 16 %)

Rang im Index der menschlichen Entwicklung: 118 von 188 Ländern

Religion: rund 80 % römisch-katholisch mit starkem Einfluss alter Naturreligionen, evangelikale Kirchen

Nationalfeiertag: 6. August

Quellen: Auswärtiges Amt, Gesellschaft für Internationale Zusammenarbeit, CIA Worldfactbook, Weltbank. Stand: 2018.

Länderporträts im Ch. Links Verlag

Alle Bände 18,00 € (D); 18,50 € (A)

Christiane Jaenicke
Albanien
ISBN 978-3-96289-043-8

Bernd Müllender
Belgien
ISBN 978-3-86153-969-8

Ute Schürings
Benelux
ISBN 978-3-86153-919-3

Jens Glüsing
Brasilien
ISBN 978-3-86153-742-7

Marcus Hernig
China
ISBN 978-3-86153-689-5

Claudia Knauer
Dänemark
ISBN 978-3-86153-824-0

Holger Ehling
England
ISBN 978-3-86153-866-0

Günter Liehr
Frankreich
ISBN 978-3-86153-728-1

Dieter Boden
Georgien
ISBN 978-3-86153-994-0

Eberhard Rondholz
Griechenland
ISBN 978-3-86153-630-7

Bernard Imhasly
Indien
ISBN 978-3-86153-822-6

Christina Schott
Indonesien
ISBN 978-3-86153-823-3

Markus Bäuchle
Irland
ISBN 978-3-86153-741-0

Ruth Kinet
Israel
ISBN 978-3-86153-714-4

Gianluca Falanga
Italien
ISBN 978-3-86153-574-4

Christian Tagsold
Japan
ISBN 978-3-86153-835-6

Ingrid Laurien
Kenia
ISBN 978-3-86153-836-3

Jürgen Neubauer
Mexiko
ISBN 978-3-86153-667-3

Ingrid Kölle
Neuseeland
ISBN 978-3-86153-851-6

Simon Kamm
Portugal
ISBN 978-3-96289-049-0

Rasso Knoller
Schweden
ISBN 978-3-86153-880-6

Johannes Dieterich
Südafrika
ISBN 978-3-86153-945-2

Nicola Glass
Thailand
ISBN 978-3-96289-019-3

Hans-Jörg Schmidt
Tschechien
ISBN 978-3-86153-936-3

Ute Mehnert
USA
ISBN 978-3-86153-903-2

Heike Baldauf
Vietnam
ISBN 978-3-86153-881-3

Thomas Kunze
Zentralasien
ISBN 978-3-86153-995-7

www.laenderportraet.de
www.christoph-links-verlag.de

Ch. Links